预算管理
理论与实践研究

赵晶 著

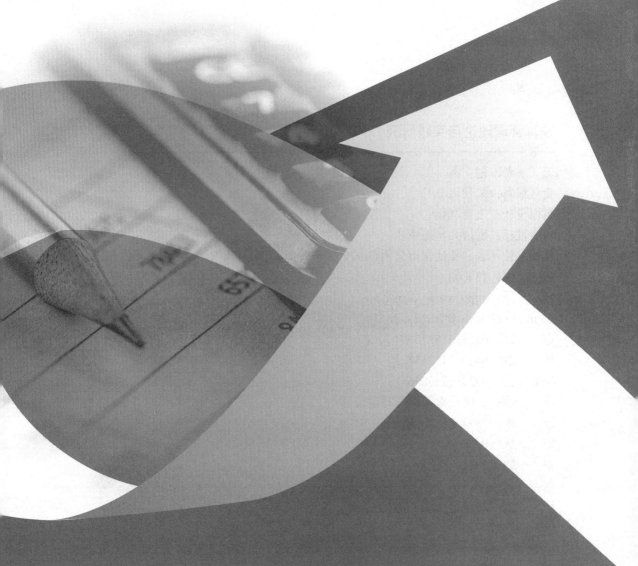

延吉·延边大学出版社

图书在版编目（CIP）数据

预算管理理论与实践研究 / 赵晶著. -- 延吉 ： 延边大学出版社，2024. 7. -- ISBN 978-7-230-06794-2

Ⅰ. F275

中国国家版本馆 CIP 数据核字第 2024NZ9404 号

预算管理理论与实践研究

著　　者：赵　晶

责任编辑：朱秋梅

封面设计：文合文化

出版发行：延边大学出版社

社　　址：吉林省延吉市公园路 977 号

邮　　编：133002

网　　址：http://www.ydcbs.com

E-mail： ydcbs@ydcbs.com

电　　话：0451-51027069

传　　真：0433-2732434

发行电话：0433-2733056

印　　刷：三河市嵩川印刷有限公司

开　　本：787 mm×1092 mm　1/16

印　　张：9.75

字　　数：202 千字

版　　次：2024 年 7 月　第 1 版

印　　次：2024 年 8 月　第 1 次印刷

ISBN 978-7-230-06794-2

定　　价：68.00 元

前　　言

随着时代的发展，企业对预算管理的要求逐渐提高，企业需要根据发展实际，对预算管理的方法进行深入研究，并努力创新，以促进企业的发展。

企业管理实行预算管理，符合当今世界经济大潮的整体走向与趋势，其基本目的是解决经济发展过程中存在的信息复杂多样与无序的问题，最终目的是为社会主义市场经济的发展服务。在发展过程中，企业要不断加强预算管理，完善预算管理体系，以推动企业的发展。

预算管理是企业内部管理控制的一种主要方法，企业可以通过运用预算这一主线，对企业内部各部门、各种财务及非财务资源进行协调、控制、反映和考评，以实现公司的战略目标。预算管理又可分为全面预算管理和传统的预算管理两种，全面预算管理不仅能够促进企业整体战略目标与经营目标的实现，而且能够优化企业内部各职能部门之间的沟通，实现对日常经营活动的有效控制。

在企业实际生产经营活动中，管理人员如何实现对全面预算管理模式的科学、合理选择，使其对企业生产经营活动产生更大的助力，是值得深思的内容。在实施公司制定的战略时，预算管理是有效的管理方式，实行预算管理，可以将公司的战略目标从管理层有效地传递到作业层。

科学实施预算管理，能够将企业内的各项预算管理制度在日常运行中更好地落实，这样一来，企业也能取得更好的成本管理效果。与此同时，企业在开展年度财务总结时，也能将财务支出和预算误差控制在要求的范围内。

市场经济的发展和现代企业的自我转型与发展，使得预算管理模式成为企业经营管理中的一项重要管理工具与发展趋势。科学而完善的全面预算管理，将企业的战略分解成小的、短期的、细化的发展目标，并将具体的责任落实到各个部门和每位员工的身上，通过全面预算管理，能够及时发现企业在经营管理中存在的问题并予以纠正，为促进企业的良性发展保驾护航。

企业在自身发展过程中加强预算编制，对企业的运营与发展有着积极的促进作用，更直接对企业的未来发展产生影响。企业在进行预算编制时，会受到各种因素的影响，最终可能导致预算出现问题，严重制约着预算职能作用的发挥。因此，企业在进行预算编制时，必须结合自身的实际需求，制定切实可行、科学有效的措施，确保预算编制的正确性和科学性，使企业预算编制体系更加完善，从根本上为促进企业预算编制水平的全面提高提供保障。企业要想提高经济效益，就必须对预算编制工作给予高度关注，并有效地开展这项工作，收支管理实效性的提高，有助于企业的可持续发展。

近年来，企业预算管理模式逐渐向着多元化、集团化方向发展，日益呈现规模化、国际化、跨行业的经营趋势。因此，企业要想在同行业竞争中取得优势，就不能在这个关键环节落后，必须适时采取必要措施，建立企业预算管理系统，培养一批企业预算管理人才，以帮助企业在激烈的市场竞争中占据优势地位。

韩敏参与了本书的审稿工作。在本书的写作过程中，笔者虽然力争做到精雕细琢、精益求精，但是由于知识和经验的局限，书中难免存在不足之处，恳请读者批评、指正，以使笔者的学术水平不断提高，笔者不胜感激。本书参考了很多专家、学者的书籍，并借鉴了他们的一些观点，在此对这些学术界前辈深表感谢。

目　　录

第一章 预算管理概述

第一节 预算管理的内涵

"预算"一词源于法文，原意指皮革制成的公文包。《辞海》中"预算"的定义为"国家机关、团体和事业单位等对未来一定时期的收入和支出计划，有时也称个人或家庭的收支预计"。由预算的定义可以看出，预算的应用范围较广，可以应用于多个领域。

早在 18 世纪，预算管理在英美等发达国家政府部门的节约开支方面，就开始发挥作用，得到理论界和实务界的普遍关注。1992 年，美国学者麦西金开始对预算管理的科学性进行系统阐述。之后，预算管理在国外的发展历程大体经历了三个阶段：

阶段一：规划—计划—预算（PPBS）（20 世纪 60 年代）。在此阶段，预算的功能不断扩展，从最初的注重成本费用控制扩展为对整个组织单位资源的规划与控制，进而形成了上下结合的、不断反复的、闭环式的预算编制形式，实现了预算执行者参与组织单位的预算管理过程。典型的公司包括杜邦化学公司、通用汽车公司等。

阶段二：零基预算（ZBBS）（20 世纪 80 年代）。它主要是针对"增量预算"的弊端（即"存在就是合理"思维定式）而产生的。"零基预算"不是以现有费用水平为基础的，而是一切以零为基础来考虑费用发生的必要性和金额大小，在综合平衡的基础上编制预算。零基预算的出现，进一步完善了预算管理系统，使管理者关注到预算管理在分析关键决策事项和推动关键决策事项实施上的重要作用。具有代表性的公司是美国得克萨斯仪器公司。

阶段三：绩效预算（PB）（20 世纪 90 年代）。绩效预算最早应用于美国联邦政府总统预算办公室的支出管理。它规定各预算单位在申请经费拨款时，不仅必须明确阐述该预算所能达到目标及相应的详细支出计划，而且必须明确说明其目标绩效将如何实现客观公允的衡量。其实质是以目标为导向，以业绩评估为核心，将资源的合理分配与绩效的提高紧密结合。绩效预算进一步扩展了预算管理的内涵和外延，使预算兼具了沟通协调、资源优化配置、绩效评价与激励等多种功能，也由此进一步奠定了预算在单位内部控制系统中的核心地位。

第二节 预算管理的理论基础

在实施公司管理层制定的战略时，预算管理是有效的管理方式。实行预算管理，可以将公司的战略目标从管理层有效地传递到作业层。预算管理是企业内部管理控制的一种主要方法，企业可以通过运用预算这一主线，对企业内部各部门、各种财务及非财务资源进行协调、控制、反映和考评，以实现公司的战略目标。预算管理可以分为传统的预算管理和现代企业所实行的全面预算管理。预算管理的主要理论基础是代理理论和内部控制理论，还包括"经纪人假设"理论、企业组织行为理论、"寻租"与"寻利"理论、集体行动"搭便车"理论和"博弈论"。

一、代理理论

在实际经济生活中，代理关系是一种普遍存在的、影响广泛的经济现象。经济学家普拉特和茨考塞对代理关系的定义进行过如下论述："只要当一个人对另一个人的行为有所依赖时，代理关系就产生了，采取行动的人称为代理人，受影响的就是委托人。通常来说，医生是代理人，病人是委托人；咨询员是代理人，顾客是委托人；公司经理是委托人，他的下属是代理人；反过来，公司经理又是股东的代理人；一般合伙人与有限合伙人之间也是委托代理关系。"在这里，普拉特和茨考塞给出了代理关系的一般性定义。

而对于代理费用问题，普拉特和茨考塞进一步指出，已知信息非对称（虽然委托人更多地知道他们所要完成的任务是什么，但是代理人对他们的任务比他们的委托人所知道的却更多），我们不能期望任何工商企业或经济组织的运作，与在所有信息都可免费分享或委托人与代理人之间的激励可无成本地实施时的运作一样有效。这种缺陷有时就称作代理损失或代理成本。在构造代理关系时，挑战就在于如何使代理成本最小化。用经济学的语言来说就是，既然最优结果只能在无成本信息流的非现实世界中才能取得，那么我们所能做的必然是争取我们所说的次优解的东西。

现代企业的主要形式是股份制公司，股份制公司的重要特征就是出资者所有权与企业经营控制权的分离。在现代企业制度中，控制权主体必然代理所有权主体对企业进行全面的经营管理，由此股东成了委托人，而企业的经营者成了代理人，从而形成委托代理关系。在这个委托代理关系中，由于委托人与代理人具有不同的利益，在代理行为中，当代理人追求自身利益时，就有可能造成对委托人利益的损害，这就是所谓的代理问题。正因为如此，就有必要建立起一种约束机制，用以约束或激励代理人的行为，使之有利于委托人的利益。

要能约束代理人，使其行为有利于委托人，就必须了解代理人的信息与控制代理人的行为。由于委托人利益的影响变量并不全在其控制之下，还依赖于代理人所采取的行动及所拥有的信息，为了维护委托人的利益而试图诱导代理人信息或改变代理人行为的机制，就是激励机制。若要通过建立影响代理人行为的激励机制，使委托人能够获得可能的最大利益，就必须让激励机制或报酬足以使代理人不偷懒或不投机取巧。这种代理关系模式隐含了两个假设：一是委托人处在设计、监督激励机制的地位；二是由管理水平提高带来的所有利益都归属于委托人。

在委托人代理关系中，委托人是处于主导地位的，正是根据委托人的需要，才产生代理关系的。此外，代理成本的节约在于有效激励机制的建立。要使代理成本最小化，就必须建立起行之有效的激励机制，实现委托人与代理人的激励相容性，而激励机制的确立就是对各经济主体权、责、利关系的明确。

许多公司与下属公司实行的是总、分公司管理体制，在总、分公司体制下，总公司管理层与分公司管理层之间也是一种代理关系。那么，如何更好地处理这种代理关系，如何激励分公司围绕公司战略目标全力以赴地从事生产经营活动，如何对分公司绩效进行考核和评价呢？预算管理是沟通公司管理层与作业层的一个桥梁，可以将公司管理层的战略意图有效地传递到作业层，为公司的预算目标提供了一个绩效考核评价的依据，为公司激励机制的建立奠定了坚实的基础。

二、内部控制理论

内部控制是企业所制定的旨在保护资产，保证会计资料可靠性和准确性，提高经营效率，推动管理部门所制定的各项政策得以贯彻执行的相互配套的各种方法及措施。它的目标是确保单位经营活动的效率性和效果性、资产的安全性、经济信息和财务报告的可靠性。其主要作用体现在三个方面：一是有助于管理层实现经营方针和目标；二是保护企业各项资产的安全和完整，防止资产流失；三是保证业务经营信息和财务会计资料的真实性和完整性。

内部控制整体架构主要由控制环境、风险评估、控制活动、信息与沟通、监督五项要素构成。

（一）控制环境

控制环境指对建立或实施某项政策产生影响的各种因素，主要反映企业管理者和其他人员对控制的态度、认识和行动，具体包括管理者的思想和经营作风、组织结构、管理者的责任分配与授权。在现代预算管理中，管理者的思想和经营作风体现为适应新经济发展的经营理念；组织结构应是企业提供预算编制、执行、控制和监督职能的整体框架；管理者的责任分配与授权应指预算组织内部及关键岗位人员的职责与权限。

（二）风险评估

风险评估就是分析、辨认实现所定目标可能发生的风险，包括目标、风险和环境变化后的管理，在预算管理中表现为企业运营目标的确定、运营环境的内外部变化和变化后应采取的措施。

（三）控制活动

控制活动是确保企业管理层的指令得以执行的政策及程序，在预算管理中表现为编制、审核、批准、执行、调整等管理流程与活动。

（四）信息与沟通

信息包括企业的内部信息和外部信息，即由企业的销售交易、采购、内部营业活动和生产过程，以及市场、顾客、竞争者、利益相关者等资料构成，在预算管理中表现为企业的经营、投资、成本开支、市场变动、竞争者成长等资料。沟通是企业提供有效信息给适当的人员的过程，在预算管理中表现为企业经营相关职能部门之间、上下级组织之间、企业与企业利益相关者之间的信息传递。

（五）监督

监督是由适当的人员在适当、及时的基础上评估设计和运作情况的过程，在预算管理中表现为对预算执行的评估和评价体系的建立。

三、"经济人假设"理论

"经济人假设"理论是传统预算管理的理论基础。泰罗的"科学管理"学说认为，企业可以用经济手段调动员工的工作积极性。这是因为人是"经济人"，其行为主要受经济力量的驱使。人天生是充满惰性的，乐于享乐而厌恶工作，除非出于经济需要。同时，人又是理性的，他们会为自己的利益而行动。只有人们确信努力工作能得到公正的补偿，其行为才能有利于企业的利益。预算管理的动力在于业绩考评，因此通过预算，可以在一定程度上激励员工的积极性，并做到奖勤罚懒。

四、企业组织行为理论

企业组织行为理论是现代企业全面预算管理的理论基础。企业组织行为理论的假设观点认为，企业追求的通常是令人满意的结果，而不是最优的结果。这是因为企业是众多个体的联合体，企业目标实际上是企业中占据支配地位的成员的目标，并且企业目标是多元的、不断变化的。个人的目标和需要也是多元的，这就要求管理者通过各种预测、控制和激励手段，影响企业目标执行者的行为。

企业集团管理的核心问题是，将下属经营单位及内部各个层级及其员工联合起来，围绕企业集团的总体目标运行，即所谓的整合，而实施全面预算管理则是实现集团整合的有效途径。全面预算管理不同于单纯的预算编制，它是将企业的决策目标及其资源配置，以预算的方式加以量化，并使之得以实现的企业内部管理活动或过程的总称。全面预算管理体现了"权力共享前提下的分权"的哲学思想，通过分散权责、集中监督，能够促进企业有效配置资源、实现企业目标、提高生产效率。

五、"寻租"与"寻利"理论

经济学中的"寻租"与"寻利"理论是现代企业集团全面预算管理的理论基础。"寻租"表现为通过分配权与分配结果的竞争"寻利"，通过增值来增加自身的收益。集团内部核心控股公司对组织成员的管理，就好比一个小的政府在运作。作为组织成员的企业经营者，在多级代理关系下，存在一个"寻租"与"寻利"的选择问题。企业集团对经营者进行"寻租"与"寻利"选择的最好的制度化管理方式就是预算管理。企业集团要减少对经济资源的控制，应该尽量做到资源控制权分配的内部制度化、内部市场化，从而在源头上避免"寻租"行为，以提高组织成员的工作效率。

六、集体行动"搭便车"理论

集体行动"搭便车"理论是现代企业集团全面预算管理的理论基础。"搭便车"在企业集团运行中表现为：因为经营改善所得的收益将由全体股东分享，而监督的成本却由那些有监督经理行为的股东承担，所以单个股东没有监督经营权的积极性。同时，每个股东又希望其他股东监督企业的经营，而自己坐享企业经营带来的收益，使股权的约束形同虚设。要调动股东监督经营者的积极性，可以实施预算管理。

七、"博弈论"

"博弈论"是现代企业集团全面预算管理的理论基础。"博弈论"主要是研究行为和利益相互依存的经济个体的决策与目前市场的均衡问题，特别适于分析市场经济中人们的经济行为、经济关系和社会经济活动。博弈分为合作博弈与非合作博弈。即使存在很小一部分非合作博弈，都可能给集团公司带来很大的损失，有时甚至是致命的。预算管理合同是约束博弈的依据，如何编制与签订预算管理合同，需要考虑博弈所带来的后果及其对企业业绩的影响。

总而言之，上述各理论在一定程度上构成了预算管理的理论依据。

第三节 全面预算管理的特征

预算管理是企业内部管理中非常重要的管理工具与方法，又可分为全面预算管理和传统的预算管理两种。全面预算管理不仅能促进企业整体战略目标与经营目标的实现，而且能优化企业内部各职能部门之间的沟通，实现对日常经营活动的有效控制。在企业实际生产经营活动中，管理人员如何实现对全面预算管理模式的科学、合理选择，使其对企业生产经营活动产生更大的助力，是值得深思的内容。

一、企业全面预算管理的特征探究

企业全面预算管理的核心与关键在于其"全面"，不仅包括预算中的全部内容，而且体现出预算参与过程的全程性、流程的全员性。简单来说，可以将企业全面预算管理的特征概括为"全方位""全员""全程"。

其中，"全方位"指的是预算工作所涉及的内容并不局限在财务指标或者货币指标等方面，也包含相应的非财务指标；除财务预算之外，还包含企业经营预算与资本预算；除短期预算外，还包含长期预算。

"全员"指的是参与预算工作的不仅是企业财务人员，而且要求企业各岗位、各层级的工作人员都参与进来。如此一来，不仅能让员工充分了解企业预算管理体系，减少员工、部门、企业间的矛盾，而且能充分推动全面预算管理工作的开展，有效调动广大员工的主动性，将个人目标与企业目标相关联。

"全程"指的是预算工作贯穿在企业各项经济活动或者交易的全过程，不仅反映在预算指标下达、编制与汇总中，而且体现在预算执行、控制及考核等各个方面。企业采用自上而下、自下而上或两种方式相结合的预算编制方法,实现对企业资源的合理配置,以促进事前控制的有效性。针对预算执行流程的控制与调整,防范资源浪费,并及时改正出现的偏差,做好事中控制。通过预算指标考核与评价,明确预算结果与企业实际情况之间的差别,强化事后控制。

总而言之,企业应结合总体战略经营目标,实现对全面预算方案的制定,使其贯穿于企业经营的全过程,着眼于企业发展的全局,融合科学预测,制定最优预算方案,促进现有资源潜力的最大化呈现,合理控制其执行过程,为企业经济效益的实现形成良好保障。

二、企业全面预算管理的模式探讨

预算是企业在一段时间内针对所有生产经营活动而设计的相应的经济目标与资源配置,通常以货币形式进行展示。其初期预算通常是将企业利润的实现作为主要目标,将销售预测作为起点,针对生产、采购、人工及资金等多方面因素进行预测,从而获得预算报表,分析企业在今后一段时间内的财务情况、经营成果及现金流量等信息。经过多年发展,人们在经济发展的不同时期,逐渐探索并形成了多种全面预算管理模式,从而适应企业管理需求的变化。目前,主要的企业全面预算管理模式包括以下几种类型:

(一)利润主导型的全面预算管理模式

利润主导型的全面预算管理模式指的就是将利润作为主导来完成预算管理。换言之,就是将企业的利润最大化,继而以此为目的,编制相应的预算文件,并且保证文件中的全部内容都将利润当作主旨。对企业来说,在运用这种预算管理模式期间,应当将利润作为管理控制程序的主要目标,在确定企业预期利润之后,才可以更好地对内部的资金及业务预算完成管理。

从现实情况来看,企业明确预期利润是极易受到外部因素干扰的。当前,经常使用的运算方式有以下两大类:

一类是将企业实行营运时的成本总数与企业设定的报酬率相乘,得到预期的利润数值。

另一类,首先使用本年度的报酬率减去前一年度的实际报酬率,然后再与相应的系数相乘，并由营运活动的成本总数减去这一数值，继而得出预期利润数值。

此外，企业应该特别注意的是，无论运用哪一种运算方式，为了防范外部干扰，都需要考量实际情况。

（二）销售主导型的全面预算管理模式

销售是企业最为关键的业务之一，因此将销售作为主导的全面预算管理模式自然也就成为重点。详细来说，这种模式指的就是将销售数据的预判作为初始点，继而对企业的销售额予以预算，并依据预期的销售数量及库存变换量等参数，完成企业的全面预算工作。

基于属性层面进行探讨，这种全面预算管理模式涵盖的内容有生产设施的配置、生产人员的协调、各类生产需要的费用等。在通常情况下，销售主导型的全面预算管理模式会被销售额提高速度较快的企业加以运用，也可以在一些季节性的短期经验项目中予以应用。

这种全面预算管理模式的优势就在于企业可以预判销售量，继而再设定出实际的生产量，以便于资金高效地运转。但企业在采取这种全面预算管理模式时，务必要做好市场调研，将市场变化作为导向，以此避免全面预算出现偏差。

（三）现金主导型的全面预算管理模式

现金流可以在一定维度上成为企业的命脉，其对于企业的关键意义毋庸赘述，因此出现以现金为主导的全面预算管理模式。在大部分时候，这种模式都是在市场不景气时应用，或者说当企业出现营运困难最需要现金时应用。

具体来说，这种全面预算管理模式主要是针对现金流、业务等方面予以预算管理，其优势是直接将现金作为预算导向，能高效实行现金管理，以便达到收支平衡状态，这样就可以防范企业因财务问题而出现营运危机，确保企业可以重新获得生机。

（四）成本主导型的全面预算管理模式

成本主导型的全面预算管理模式，指的就是依据成本来完成企业的全面预算管理，将成本作为出发点，继而将成本管理作为重心，在实行预算管理考核期间，同样也将其视为关键指标。

现阶段，成本主导型的全面预算管理模式主要有以下两种形式：

（1）修正形式，即将企业的上一年成本支出视为基准，继而依据企业本年度经营水平、市场变化、自身潜力等要素，恰当修正成本预期，以便达到预设的全面预算管理效果。

（2）倒挤形式，也就是说，以企业的预设收益及预判利润为根基，反向对成本实行运算，最终完成对企业全面预算的有效管理。

（五）生命周期型的全面预算管理模式

与生命一样，企业的经营也有周期性，从企业的创建、壮大，到最后的衰退，甚至倒闭，都可以当作一个周期。在这样的理念下，出现了将企业生命周期作为主导的全面预算管理模式，然后依据企业处于不同时期的特性，来完成预算管理工作，如此一来，便可以保证预算管理的全面性。

企业的生命周期有以下主要特性：

（1）初始期。这个时期，企业的销售增长较快，但企业的规模却不是很大，抵抗风险的能力较低。

（2）发育期。此时，企业已经占据了一定的市场，并且产品也较为成熟。

（3）稳定期。这一时期，企业处于最为强大的阶段，运转健康、平稳，收益能力较强。

（4）衰败期。此时的企业营运困难、产品竞争力不强。

因此，各个企业要明晰自身处于哪个时期，并以此为根基，运用对应的全面预算管理模式，确保预算的科学性，以促进企业业绩的提升。

三、确保企业全面预算管理成效的有效路径

（一）加强认识程度

如果要进一步增强全面预算管理控制的水平及成效，企业先要做的就是加强对于此项管理工作的认识。从实际情况来看，全面运算能够从整体出发，保证企业更为健康地运转，在企业的不同时期，采取不尽相同的预算模式，以此提高企业的营运水平。

（二）加大管理力度

企业管理者在履行自身权责时，应当持续地完善全面预算管理机制，并依据企业的真实需要，制定相应的管理条例，继而确保全面预算管理工作一直处于可控的范围。此外，管理条例的内容还应该与市场规律相吻合，以此来保证全面预算管理工作落到实处，确保加大管理力度。

总而言之，只有保证企业在实行全面预算管理工作期间的严谨性、恰当性、适用性及有效性，才可以保证此项工作落到实处。然而，基于实际情况来看，仍然有一部分企业没有明晰这项工作的特征，也没有采取与企业现状相符的管理模式，在这种形式下，管理成效自然会受到较为显著的影响。

因此，企业要转变思路，认清全面预算管理的特性，继而掌握以利润、销售、现金、成本及生命周期为主导的全面预算管理模式，并从企业的实际出发，运用最为适合的管理模式，来提高全面预算管理工作的水平。

第四节 预算管理的内容

从企业发展角度来讲，预算管理属于全新的管理理念，既是企业全部经营活动的量化计划，又是企业进行动态控制与整体规划的有效管理办法。另外，企业落实预算管理，也可看作分解、控制和实现战略目标的过程，因为该项工作的开展具有明显的全面性、战略性和整体性特征，所以在经过实践后，预算管理逐步成为财务管理中的主要管理办法。

一、企业预算管理的主要内容和基本原则

（一）预算管理的主要内容

预算管理作为一种管理工具，若企业能够对其合理应用，将更有利于战略发展目标

的实现。其实，预算管理的形成和应用时间较早，初期已经被一些大规模跨国公司作为标准管理程序应用，又因为其具有较强的时效性优势，所以为企业发展奠定了良好基础。

通过分析预算管理可以发现，该工作与企业生产经营关系密切，并且在设定预算管理机制时也能结合不同业务范围对相关机制进行细化，常见的预算管理内容包括经营预算管理、资本预算管理及财务预算管理三个方面：

首先，经营预算管理。该部分是指围绕企业生产经营做出的相关预算管理，这项工作与企业的发展关系密切，并且全面贯穿于企业各个生产经营与管理工作中。考虑到这一特点，企业实施预算管理一定要细致，以确保预算管理工作能够具备一定的条理性和全面性，并要对销售费用和各种经营活动费用加以明确，只有如此，才能确保预算管理合理推进。

其次，资本预算管理。该部分内容指向的是，要全面分析与掌握未来一段时期内企业的现金流量与具体流出情况，并且要在资本预算工作中对资本支出项目方案、支出特性、投资项目评估结果及支出效益等诸多内容加以明确，这样一来，企业才能够更好地控制资本支出，甚至获得更大的收益。

最后，财务预算管理。这一管理内容主要涉及财务状况预算管理、利润预算管理和现金预算管理等方面，是预算管理中的重要内容。有效开展财务预算管理，可协助企业更精准、全面地对生产经营情况进行总结，同时对企业现行管理模式的创新也十分有利。

（二）预算管理的基本原则

为保证企业精准落实预算管理制度，应严格遵守以下三项原则：

第一，与时俱进原则。近几年来，在社会经济发展背景下，企业所面对的市场竞争愈发激烈，为更好地顺应时代的发展需要，企业要对现有的内部预算管理进行完善与优化，通过该方式使预算管理发展与市场经济更为契合，并且使预算管理在推进企业现代化转型过程中发挥重要价值和作用。同时，企业对员工开展培训也应当做到与时俱进，即向其传达最新、最先进的预算管理工作理念和工作方式，能够进一步加深员工对预算管理的认知。

第二，全面性原则。一直以来，企业在发展过程中将经济利益视作主要管理内容，所以在开展预算管理时也要对内部资源的合理配置与应用加以重视，以确保企业盈利空间大幅提升。而要想达到该管理成效，企业必须对内部业务开展、人力资源管理和资金运行等多个方面进行综合考量，通过做好内部资源协调，使预算管理成效显著提升。

第三，长期性原则。在制定预算管理策略时，企业应当以自身的长期发展作为目标和前提，这样可确保预算管理策略制定得更具合理性，而这样也能够更好地引领企业实现稳定发展。

二、企业实施预算管理的重要意义

科学实施预算管理，能够将企业内的各项预算管理制度在日常运行中更好地落实，这样一来，企业也能取得更好的成本管理效果。与此同时，企业在开展年度财务总结时，也能将财务支出和预算误差控制在要求的范围内。

企业实施预算管理的重要意义主要体现在以下方面：

首先，企业实施预算管理，对提高预算管理水平有极大帮助。以往，个别企业在实施预算管理时常会有预算编制不合理、预算落实质量差和预算制度难以落实等问题，但是随着对预算管理模式实施力度的加大及其有效应用，众多传统预算管理问题皆能得到有效解决，而这也更有助于企业核心竞争力进一步提升。

其次，科学开展预算管理，有利于增强管理效果。这可以使企业对该管理体制的应用力度有所加大，且不断加强体制创新，这也是预算管理成效提升的关键影响因素。随着管理效果的增强，企业便可以更好地调配内部资源，并使资源的使用实现最优化。这一部分工作得到改善，企业也能获得更好的发展。

最后，全方位、全过程开展预算管理有利于企业防范各类风险。通过对资金的科学分配，可在筹资方面为企业提供更完善的指导与借鉴；而对财务结构的统筹管理，也能对企业内外风险进行全方位防控，为企业战略目标的实现提供助力。与此同时，编制预算方案，能使企业充分掌握自身的发展状况，并能通过它制定与企业长期发展目标相契合的战略目标，这样不仅能精准识别与控制各类风险，而且能发挥预算管理风险防控的实际作用。

三、预算管理的实施重点

受市场竞争加剧这一情况影响，企业所承受的风险因素明显增加，此时只有不断对预算管理体系进行完善和优化，才能为实现现代化经营管理提供充足的保障和有效指导。结合目前情况来看，在深化预算管理的同时，企业需将以下内容视为重点，并且要选择最佳的方式进行优化：

第一，在构建预算管理体系中，经济主体是基础，所以在落实该项工作时应对经济主体规范性与独立性高度重视，从而为预算管理策略的精准实施奠定基础。

第二，在控制预算执行的实际过程中，要加强管理，特别是在开展各项业务工作时，要注意其与预算间的密切联系，坚决避免因管理与业务脱节而影响整个预算管理的情况出现。

第三，针对预算管理层及执行层的问题，完善考核机制。企业在对绩效考核体系进行改造时，应与全面预算管理相结合，以确保绩效考核足够均衡，这样可将以往的"重财务、轻考核"等问题妥善解决。另外，绩效考核也能使全面管理和预算管理双重效能得到充分发挥。

第四，部分企业的管理人员对预算管理的理念和方法未能正确掌握。为彻底解决该问题并使预算管理充分发挥作用，企业要指导管理人员加强关于预算管理理念和预算管理方法的学习，也要对相关管理制度和方法的应用进行优化，以确保预算管理工作更具有效性和科学性。

第五，为避免预算管理与企业实际相脱离，企业可结合自身业务实际调整预算管理，这样可以更好地协助企业解决资源管理难题，促使经济利益大幅增长。

四、企业预算管理实施的现存问题

（一）预算管理意识淡薄

从企业发展速度与建设规模来看，预算管理已逐步被各行业与企业认可并应用，但是部分企业对预算管理内容的认识较片面，创新意识也有所欠缺。总体来讲，个别企业的管理人员对预算管理的认知较为浅显，特别是在预算管理对企业发展的重要影响方面未能达到全面认识，再加上一些企业管理者及执行者专业能力和素养有限，所以对预算管理基础理论的掌握并不到位。受此影响，在预算管理执行的过程中，一些管理人员在工作时表现出消极的态度，并且出现预算管理与企业发展相脱节的问题。

（二）未能建立科学的预算管理制度

当前，一些企业表现出预算管理制度缺失问题，主要是因为其在落实预算管理环节时常会对其他先进企业的制度进行照搬，未能结合企业自身特点及发展情况有针对性地建立预算管理制度。制度是一切活动开展的主要依据，而该问题的存在将不利于企业的预算管理工作顺利开展。

（三）预算编制实效性缺乏

预算管理的有序开展涉及众多企业部门的相互配合，在实际工作中，如果仅仅依靠预算部门完成各项工作，将无法确保管理目标的实现，因此在开展工作时，企业必须对业财融合加以重视。但实际情况却是，部分企业常常忽视预算部门与其他部门间的密切沟通，以至于在具体工作环节经常出现预算编制与企业发展相脱离的情况。另外，也有个别企业受工作人员专业能力较差和预算编制过于简单等问题的影响，导致其实际发展情况与预期目标相差较大。

（四）预算管理执行力不够

少数企业受内部员工消极怠工和对预算管理重视不足等问题的影响，导致在实际工作中预算管理的执行速度缓慢，并且该项工作的职能和作用未能充分发挥。与此同时，也有极个别企业执行者在落实全面预算管理制度时过于敷衍，在整个工作中都未能对各部门实际诉求加以了解，致使在预算管理工作中常出现脱离工作实际的情况，这也使得预算管理工作开展的有效性较差。

（五）预算管理监督不足

从企业的预算管理开展实际情况来看，仍有部分企业存在"重编制、轻执行"的问题，也可以说，在推进预算管理时，会出现编制信息不足及执行过程形式化等现象。导致该问题形成的原因有以下方面：

首先，部分企业未针对预算管理制定完善的机制，致使预警机制与事中控制缺失，并且随意调整预算，也会导致各项预算管理难以实行。

其次，部分企业由其财务部门负责制定考核指标，这也使得在指标制定和落实环节中出现相关内容与实际考核差距过大的现象。此外，由财务部门制定考核指标也容易使考核仅仅涉及财务方面，而对其他部门的发展特点未能充分衡量，这样一来，会导致企业的预算考核明显缺乏真实性。

（六）信息化程度不高

随着各种网络技术与信息技术的普及，各领域、各企业纷纷进行信息化建设，但仍有部分企业未能对信息化建设的价值形成充分认知，导致企业员工在实际工作中依然沿用传统的工作模式，这一情况不仅会影响预算管理工作的推进，而且会对企业的发展产生极大的阻碍。

五、有效开展企业预算管理的实践措施

（一）深化企业领导者对预算管理的认知

为保证预算管理在企业中有效落实，领导者需要具备较强的预算管理意识，这样才能引领整个企业提高对预算管理的重视程度。鉴于此，在实践工作中，企业应对预算管理环节加以重视，组织员工不断学习与预算管理相关的知识，通过有效开展预算管理教育和宣传，确保所有职工对预算管理的作用和职能有较为充分的认知，使其能够主动参与各项预算管理实践。

（二）完善预算管理制度

通过分析预算管理制度，可以明确工作内容，所以企业各部门都应与实际运营特点和工作实情相结合，制定相关管理制度，确保企业在完善的制度引领下，高质量完成事前、事中与事后管理的相关工作。另外，通过对企业运营中的业务、财务工作进行严格控制，也能进一步促进企业实现业财融合。不仅如此，考虑到国家政策对企业运营发展会有直接影响，所以在完善预算管理制度时，也要将各种政策内容作为依据，以保证预算管理的有效性。

（三）重视预算管理方案的编制

从企业发展的角度来讲，严谨且科学的预算编制方案可为企业管理提供科学指导，同时也能对各项资源进行有效管理控制和约束。当前，要想使预算方案编制质量明显提高，需对以下要点进行严格掌控：

首先，对预算指标设计加以重视，以保证预算方案能够涉及企业生产的所有方面，这样能够更好地实现企业经营管理。

其次，要保证预算方案的实际编制方法具有一定的先进性。当前，弹性预算和固定预算皆属于行之有效的预算管理方式，故而在编制预算方案时，可对这一系列方法巧妙地、灵活地运用。

（四）严格执行预算管理方案

从预算管理的实际情况来看，以往所使用的一些方案都未能获得理想成果，并且受预算方案形式化阻碍，企业经济效益颇受影响。鉴于此，在实际工作中，企业应做好以下工作：

首先，通过建立监督管理机制，对预算管理进行全过程掌控。

其次，应当对预算方案的实际执行效果加以评估。

最后，根据信息反馈机制，弥补预算方案中的不足，借此减少预算方案与实际执行的误差。

（五）加强预算管理监督，并与绩效考评相结合

全面监督与管理是保证预算管理作用发挥的关键所在，在工作实施中，可设置专门的部门来对各项工作进行全面监督，一旦发现有部门或人员未能依照预算编制和具体要求开展工作，就要进行严肃处理。其中，对于一些周期较长的项目，可上报财务部门，并由该部门负责定期检查运行信息。此外，也要注意将其与绩效考评相结合，以此促进企业员工有效落实各项预算管理工作，这样不仅可以有效调节企业的预算管理氛围，而且其管理效率和质量也会有极大提高。

（六）进一步提高信息化建设

为保证企业有效实施预算管理，需要对信息化建设加以重视，在实践过程中，应当利用各种信息技术，搭建数据库、网络系统和更新软硬件，不仅可以协助预算管理人员收集更多的信息，而且能面向企业领导层与各个部门反馈更多的数据。这样一来，不仅可以提高预算管理的质量，而且能为企业决策与业务开展提供充足的数据支持。

实行预算管理，可以帮助企业获得更好的发展，因此为保证企业内部能够更好地落

实预算管理工作，可从加强企业领导认知、完善相关制度、重视预算管理方案编制、严格执行预算管理方案和加强管理监督等方面入手，以确保在预算管理制度的促进下企业的竞争力不断增强。

第五节 预算管理的运行环境

随着经济下行压力的加大，企业生存与发展面临严峻的考验。对于外部情况的突然转变，企业无法掌控，但可以通过预测加强内部管理，运用预算管理及预算机制做好内部协调，完善内部运行机制，从而做好风险预防与控制，以保证企业经营目标的实现。

一、构建预算管理及预算机制的环境保障体系的重要性

现阶段，部分企业对预算管理不重视，预算执行乏力，影响企业效率的提升，因此构建预算管理机制对企业发展具有重要意义。

（一）有利于企业做好长远规划，明确发展思路

预算管理首先要做的就是结合企业现状，对企业发展做好预测与管理，编制预算方案，将企业的中长期发展规划与短期计划结合起来，形成一套完整的预算管理体系，使企业的发展思路明确，具有极强的针对性。因而，企业通过预算管理做好长远规划，可以防范决策风险，保障企业发展有序运行。

（二）有利于企业内部营造良好的发展环境，调动职工的工作激情

在预算管理的过程中，需要企业全体员工共同参与。企业领导层应重视预算管理工作，在企业内部进行广泛宣传，引导员工参与预算管理。同时，要让员工充分发挥主人翁意识，与企业发展目标保持一致，为企业发展打下良好的基础。

（三）有利于提高企业管理水平，促进企业目标的实现

预算管理及预算机制是一套完整的管理体系，管理目标是针对整个企业内部的各个运行环节，目的是促进企业目标的实现。企业通过预算管理，确定企业各个部门的预算及绩效，明确各个部门及岗位的职责，运用预算激励机制，将部门利益、员工利益与企业发展紧密联系在一起，从而加强内部控制与协调管理，以实现企业预期发展目标。

二、预算管理与预算机制的环境保障体系中存在的问题

（一）预算管理意识缺乏，预算管理能力不足

随着市场竞争的日益激烈，企业面临的风险逐渐加大，为了应对市场风险，许多企业加强了内部管理，引入了预算管理机制，希望通过预算管理帮助企业渡过难关。然而，许多企业在实践中并没有做好预算管理工作，对预算管理缺乏全面的认识。

一是企业缺乏预算管理意识。许多企业希望发挥预算管理的作用，但一些企业管理层又对预算管理理念不熟悉，不清楚如何实施预算管理，没有将预算机制全面引入企业管理。企业激励机制不明显，员工的参与度不高，企业管理层与员工都缺乏全面预算管理意识，因此预算管理在企业管理中难以有效实施。

二是财务人员缺乏对预算管理的深入理解。财务人员的思想观念没有转变，对预算管理缺乏科学运用的能力，在财务管理中仍然专注于传统的会计核算，而没有将主要精力放在抓好预算管理上，导致预算管理水平不高，不能对企业运营状况进行全面预测和精准评估，使得预算活动难以深入推进。

（二）预算管理体系不健全，预算执行不到位

预算管理是一整套管理体系的集合，然而一部分企业的预算管理体系不健全，在预算管理中出现的问题较多。

一是预算编制体系存在很大漏洞。

一方面，没有做好体系设计，预算编制指标设计不科学，与企业实际存在较大出入，不能为企业提供预算指导。

另一方面，缺乏系统化的预算编制软件，在编制预算报表时不能科学预测企业在经

营中的风险，无法为企业提供准确的预算编制结果；在对费用预算进行预估时，预估依据不充分，编制的支出费用与实际情况差异很大。

此外，预算编制人员的业务水平低、判断能力差，没有做好预算编制审核工作，不能发现预算编制中存在的问题，影响了预算编制的质量。同时，企业内部没有建立有效的沟通机制，预算报表的编制口径没有统一，预算编制缺乏统一领导，导致编制工作松散，没有明确预算编制责任。

二是预算执行不到位。在预算执行过程中，企业内部缺乏有效的沟通机制，部门之间沟通不畅、信息不能共享，导致预算执行乏力。

（三）绩效考核机制不完善，预算执行监管不力

绩效考核是预算管理得以实施的重要保障，然而一部分企业的考核机制不完善，考核管理淡化，导致预算管理难以有序推进。

一是绩效考核指标设计不科学，定性指标过多，定量指标较少，不能通过绩效考核实现预算管理的目标。

二是绩效考核实施不严，考核中的人为因素较多，影响了考核的公正性，考核的结果较为注重均衡性，不能显示个人的实绩。

三是奖惩机制不到位，没有采取严格的奖罚措施，没有做好考核结果的真实运用，部分企业力求淡化考核结果，秉持平衡思想，导致绩效差异不大，也就不利于奖优罚劣，不能激发员工的积极性，从而使得预算执行较难。

四是预算执行监管不力，一部分企业没有建立有效的预算执行监管机制，无法进行预算执行监督，对预算执行情况没有定期检查与审核，也不能及时掌握经营中的异常情况，缺乏具体的预防与控制措施，使得企业面临的风险较高，带来极大的安全隐患。

三、优化预算管理与预算机制的环境保障体系的对策

（一）增强预算管理意识，提高预算管理能力

预算工作可以为企业的发展指明方向，因而企业必须高度重视预算管理：

一是企业要增强预算管理意识，将预算管理理念植根于企业管理中，与企业管理相融合，助力企业发展。企业要积极构建预算管理与预算机制的环境保障体系，做好预算

管理与预算机制的设计，在企业内部形成一个良好的发展环境。

二是企业管理层要做好预算管理宣传工作，引导员工参与预算管理。

三是企业管理层要建立以财务部门为主的预算管理机构，加强预算管理人才培养，提高企业的预算管理水平。

（二）健全预算编制体系，加大预算执行力度

企业应健全预算编制体系，为预算执行提供有效依据：

一是企业要统一领导，统一预算编制口径。规范部门责任与编制权限，将编制要求落实到各个责任单位，保证编制质量。要采用先进的预算编制软件，根据企业现状设计好相关指标，保证指标间的相互衔接。同时，要做好预算编审工作，进行部门沟通，保证预算编制与企业发展目标一致，预算收支实现的可能性将大大增强。

二是企业要加大预算执行力度。要严格审核部门预算执行情况，按照预算科目与预算金额从严把关，加大审核管理力度，防止超预算或临时变更预算的行为。部门之间对预算执行要相互监督，防止实际执行与预算管理出现较大偏离，保证从严执行预算管理。

（三）完善预算考核机制，加强预算全过程监督

要发挥预算管理与预算机制的环境保障体系的作用，就要进一步完善预算考核机制，运用绩效考核推动预算管理在企业中的实施：

一是企业要科学设计考核指标，保证考核指标公平、公正，这样有利于预算管理目标的实现。要建立以量化指标为主、定性指标为辅的绩效考核机制，重视从量化指标入手加大考核力度，防止出现模棱两可的考核指标，不利于考核工作的执行。

二是企业要严格考核管理，对考核实行全程监督，减少人为干扰，保证绩效考核的公正性。

三是企业要科学应用绩效考核结果，要充分利用考核结果对员工形成激励，让考核调动员工的积极性，使员工更加重视预算管理。

四是企业要加大预算执行监管力度，要对预算执行全过程进行监督，促进预算管理与预算机制在企业的全面实施。

建立科学的预算管理与预算机制的环境保障体系，有利于企业实现预算目标。企业可以运用良好的激励机制调动员工的积极性，促使部门之间加强沟通与协调，优化企业资源配置，从而提高工作效率，实现企业效益的最大化，促进企业进一步发展。

第六节 预算管理在企业中的具体应用

当前，我国企业发展受市场客观规律的影响较为严重，这就要求企业必须做好预算管理工作，以结合自身的发展需求，有效掌控各部门对资金的使用。预算管理作为风险控制的重要手段之一，其高效运用能体现以下几方面的价值：

一是企业通过预算管理突出规划、控制及引领作用，对企业的经济活动进行高质、高效的管理，避免造成人力、物力、财力及技术资源的浪费；依托合理、科学的预算管理方法，保证各项经济活动的有序运行，促进企业实现预期的经营目标。

二是预算管理的运用有助于推动企业内部机制改革，加强各部门之间的协同，实现资源配置优化，提高资源利用率。随着市场环境的持续变化、竞争压力的不断增大，企业需要加强内部管理，对现有资源进行合理运用，以充分发挥自身优势，特别是消除各部门间的交流障碍，提高合作协同能力，使之产生合力效应，促使企业在生产和经营中获得更多收益。

三是预算管理作为企业业绩考核的重要依据，能够推动各部门的发展，促进人员业务素质和能力的提高。将预算与实际运营情况进行对比，企业可从多角度、多层面、多方位掌握自身的运行情况，然后依据明确的标准考核各部门和员工的业绩，从而满足企业自我改进与升级的需求，实现健康可持续发展。

一、预算管理在企业应用中存在的问题

（一）对预算管理的认识不够深刻

预算管理的实施与完善是一个长期的系统化建设工程，其作用的高效发挥可能在未来几年内有所展现，使得很多企业对预算管理失去信心和耐心，甚至不愿意投入更多的资源加强预算管理部门建设，致使预算管理工作开展陷入困境。特别是中小企业作为市场竞争中的弱势群体，始终处于被动地位，致使其存在明显的只顾追求眼前利益的问题，缺乏做大做强和长远发展的意识，这也是中小企业预算管理建设不全面、不深入的一个重要原因。

就现实来说，很多企业领导对预算管理的认识不够深刻，他们普遍认为，企业实现社会效益和经济价值的核心在于推动市场全面化拓展，所以他们在指导工作时，更加倾向于关注业务部门的发展，忽视企业内部控制体系的建设，在预算管理工作中，这些领导基本不会考虑预算情况，只要满足企业发展需求，有利于企业抢占市场份额，能在眼前为企业创造价值和效益的事项，都会在最大限度上给予支持。此外，企业员工不愿意配合预算管理工作，更不会支持预算管理的强化，这是因为强化预算管理会导致各项工作过于紧张，不仅会加大工作量，而且会提高工作难度。

在领导不重视和员工不支持思想的双重作用下，企业预算管理成了"走过场"，存在明显的表面化、形式化特征，不仅使预算管理失去原本的作用，而且徒增了人力、物力、财力资源浪费。可见，企业必须提高对预算管理的认识，提高预算管理在企业管理中的地位。无论是管理者，还是基层员工，都应充分结合市场环境变化和企业发展形势，加强预算管理相关知识的学习，为强化预算管理工作奠定坚实的基础。

（二）预算管理责任主体不明，控制能力薄弱

市场秩序的不断调整，促进了企业管理的规范化，推动了预算管理在企业中的应用。但就现实来说，我国很多企业对预算管理的研究并不深入，缺乏理论指导和实践经验，使得预算管理在企业中仍不能得到行之有效的应用，特别是预算责任主体不明，预算方法单一、管理手段滞后，导致预算管理控制能力薄弱，不能为企业发展提供良好的支持。

首先，责任主体不明，使预算管理工作存在权责失衡情况。例如，在开展预算管理工作时，由于目标与责任不配位，二者间存在明显差异，致使任务分配不合理，可能会出现一些不相关或能力薄弱的部门承担超出自身负荷的工作责任和义务，导致其不能保质、保量、按时地完成相应的预算管理工作。

其次，工作责任不明确，预算管理责任难厘定，不利于预算管理实施。例如，很多部门和个人都有自己的工作目标，无论采用什么样的工作方法，只要在规定的时间内完成工作目标即是完成工作任务。这不仅给业绩考核带来了障碍，也不利于调动员工的工作积极性。特别是当预算目标不能实现时，由于存在无人负责的情况，致使提高预算管理质量和效率变得难上加难。

最后，预算管理方法单一、管理手段滞后，不能充分体现企业发展的战略需求，不利于企业加强内部控制。在通常情况下，为了减少预算管理的工作量和难度，企业会选择比较固定的预算方法，相比于其他预算方法，这种预算方法虽然简单、易实现，但由

于缺乏弹性，难以适应市场变动，与实际情况相去甚远，会对企业进行内部控制造成一定的影响，难以为企业发展提供支持。加之预算管理制度不完善，管理过程过于松散，人员对预算内容掌握不及时、不全面、不深刻，以及预算结果缺乏准确性等，将进一步弱化预算管理的功能和效用。

（三）预算管理考核、奖惩及激励机制有待完善

预算管理作为企业管理中的重要组成部分，在企业发展中发挥的规划、控制及引领作用，能够促进企业规避发展风险，降低生产与经营成本，所以其建设与发展应得到企业的高度重视。虽然越来越多的企业认识到了加强预算管理的重要性和必要性，但由于未能充分结合市场环境变化和企业发展形势合理地制定预算管理目标，导致其预算管理存在偏松或偏紧的情况。同时，很多企业对如何借助制度发挥预算管理的价值作用缺乏认识，使得相应的考核、评价、奖惩及激励制度不够合理，给强化预算管理效果和推动各部门开展预算工作带来诸多障碍。特别是考核和奖惩制度不够规范和存在漏洞，不仅易使预算人员产生工作失标、道德失准、行为失范的情况，而且在很大程度上限制了预算人员业务素质和能力的提高，更易助长歪风邪气，破坏和谐的工作环境。

例如，考核内容不明确、不清晰，考核制度缺乏柔性，特别是惩罚过于苛刻、严厉，使得人心惶惶，不利于构建轻松、和谐的工作环境，易使员工处于焦躁不安的工作状态。同时，惩罚过度会加剧员工的不满情绪，易造成人才的流失。

再如，考核人员配置不合理、不科学，考核人员的权力过大，易加剧考核人员与被考核人员之间的矛盾，特别是在当前企业的预算管理考核工作中，考核人员要么是领导，要么是财务人员。领导更加注重员工的业务能力和工作成绩，易忽视对员工思想素养和职业素质的考核；而财务人员本身也应当在考核范围之内，一旦他们有了考核权力，很可能出现暗箱操作等情况，不利于构建公平、公正的考核环境。

（四）工作人员业务素质能力有待提升

上文提到很多企业对预算管理缺乏深刻认识，不重视提高预算管理水平，使得预算管理工作的实施受到诸多限制，特别是"预算管理工作是财务部门的职责"这一观念根深蒂固，使得财务部门的工作量和工作难度不断提高。

此外，预算管理作为企业减少发展风险和降低经营成本的重要把手，对预算人员的素质和能力要求较高，要求预算人员必须具备扎实的知识储备、高超的预算技能，以及

丰富的工作经验，还要有过硬的职业素养，能够远离社会不良风气，自觉抵制金钱和权利的诱惑。但就现实而言，预算管理地位不高，领导层对预算管理工作要求较低，没有营造公正、公平、和谐的工作环境，使得很多预算管理人员养成了不作为、慢作为、乱作为的工作习惯，滋生许多腐败行为。

同时，在管理制度缺失的情况下，预算管理人员权力过大，激化了员工与管理者之间的矛盾，使得部分工作人员消极工作，进一步威胁企业的健康发展。此外，企业不重视预算管理工作，没有围绕自身发展需求，对预算人员进行预算有关思想、知识及技能的培训，导致预算人员的能力水平较差。

由此可见，企业必须要重视预算管理工作，本着以人为本的原则，加强员工的职业素养培养，加强预算人员的预算知识与技能培训，快速构建一支素质高、能力强的预算管理队伍，才能更好地服务于企业发展。

二、企业加强预算管理的对策

（一）提高预算管理认知，强化预算管理地位

市场环境的变化和国家政策的变动既给企业带来了前所未有的发展机遇，又使企业面临诸多挑战。在这样的背景下，企业需要强化预算管理地位，提高预算管理认知；通过完善预算管理体系，充分发挥预算管理的功能和效用，为企业经济的健康可持续发展保驾护航。

第一，企业要提高预算管理的地位，深入思考当前预算管理工作实施不力的原因，积极寻找解决问题的方法。同时，企业应积极投入人力、物力、财力及技术资源，加强预算管理研究，以完善理论指导和积累实践经验。在此过程中，企业要认识到改变预算管理方式和方法是远远不够的，还要从思想上入手，推动全员提高对预算管理的认识，才能为预算管理工作的实施奠定基础、提供支持。

第二，企业领导作为决策者、管理者及引导者，不能局限于眼前利益，而是要有长远发展的眼光，认真思考如何推进并落实预算管理工作。在推动预算管理体系建设时，企业领导要在关注预算管理部门建设的基础上，给予预算管理工作更多的支持，不能在建设预算管理体系的过程中，因拓展业务等原因擅自中断建设项目，避免使之前付出的努力化为泡影，造成极大的人力、物力及财力资源的浪费。一旦规划好方案和制定好措

施后，企业就必须严格按照要求开展预算工作，不容许任何部门及工作人员以各种理由阻碍预算工作的实施，从而为预算管理价值的发挥创造良好的条件。

第三，预算管理人员作为统筹、规划、引领预算工作的主体，要有高度的责任心和使命感，能够本着对企业发展负责的态度认真部署和落实各项预算工作；通过合理、科学地利用手中的权力和现有的资源，保证预算管理工作的顺利实施，特别是要及时向领导层反映工作情况，进一步指出加强预算管理工作的重要性及紧迫性；充分结合市场环境变化和企业发展形势，针对企业发展提出优质的预算管理计划，深入剖析预算管理的实施方法，以获得领导层的高度重视，促进预算管理工作的落实。同时，预算管理人员也要做好预算管理宣传工作，加强上下级、各部门之间的沟通与交流，大力推进全员学习预算管理知识，以营造良好的预算管理工作环境，促进预算管理工作的顺利实施。

第四，基层员工作为企业建设与发展的一分子，同样要支持企业强化预算管理工作，为企业发展作出应有的贡献。一方面，在不断的学习中，员工要深刻认识企业加强预算管理的重要性和必要性，积极配合领导和部门管理者布置的各项工作；另一方面，员工要严格遵守企业的各项规章制度，认真完成工作目标和任务，为企业强化预算管理效果提供支持。

（二）明确主体和选用科学方法，提高预算管理水平

经济发展和科技进步推动了企业管理改革，在这样的时代背景下，传统的内部控制思想已不能满足当前企业的经济发展需求，企业要立足于全面发展目标，引入全新的管理观念，强化预算管理效果，以保证预算管理服务于企业的发展需求。特别是在激烈的市场竞争环境下，预算管理的价值和意义日渐凸显，其管理水平已成为企业实现健康可持续发展不可或缺的一个重要因素。企业只有坚持以发展为目标，并在此基础上健全预算责任制度和合理调整预算方法，才能提高预算管理的执行力，促进企业在新的市场变化和发展形势下作出正确判断，制定出更加合理的经济发展策略。

首先，企业要顺应时代发展趋势，及时转变工作思路，加强风险防范和控制，将注意力从行业扩张转移到内部管理上；要充分结合市场变化、行业发展、企业实力、技术水平等因素，制定更加科学的、系统的预算管理方法，以确保预算管理的顺利实施。为了有效规避风险，提高风险应对能力，企业要有意识地完善责任制度，让各个部门承担相应的责任。而要达到这一目标，企业需要明确自身的组织结构，分析各部门的责任、义务及价值，严格划分责任中心，并以此推进预算管理工作。

其次，加强预算管理不是"喊口号"，而是要落实在具体的行动中，特别是一些预算管理能力薄弱的企业，应当加强与知名企业的合作交流，多角度、多层面、多方位学习其先进的预算管理策略，借鉴其预算管理制度应用经验，以实现自身预算管理权责精细化、预算管理目标分解合理化，从而让每一项预算工作都有明确的责任和义务依据，使预算管理工作更加高效、可控，避免出现逃避责任和相互推诿的情况。需要注意的是，在确认权责的过程中，企业可以在大部门之下划分小部门，将责任逐层分拨下去，将预算管理"大目标"细化成多个"小目标"，以此实现权责平衡，提高预算管理的灵活性和执行力，推动预算管理工作落地生根。

最后，企业要关注市场动态，结合行业发展形势，合理、科学地选择预算管理方法。一味地依靠固定的预算管理方法，会导致预算管理脱离实际，预算管理结果失去效用，因此企业可以在应用固定预算管理方法的同时，配合使用弹性预算管理及滚动预算管理。在应用弹性预算管理时，企业应严格依据作业量情况，编制与之相适应的费用项目、成本及收入等，结合生产实际寻找与之相匹配的预算值。这样一来，不仅有助于实现差异分析，而且能加强预算管理。在应用滚动预算管理时，企业应将预算目标进行分解，使年度预算变为月度预算，找出各月预算中存在的差异，以使预算结果更加精确。

（三）结合发展需要，健全预算管理考核、奖惩及激励机制

企业要实现健康可持续的发展，需要在扩张外部资源的同时加强内部管理，特别是要掌握自身的生产与经营能力，有的放矢地开展预算管理工作，以掌握各部门的工作状况，了解当前企业的发展水平。在此过程中，预算管理考核、奖惩及激励机制的构建将会起到激发各部门员工工作积极性、促进各部门配合预算管理工作的作用。

首先，考核作为评定员工业务素质和能力的重要抓手，企业必须给予高度重视。要本着公平、公正、公开的态度，完善考核内容、方式、方法。立足于企业发展需求，企业应建立合理的预算管理考核机制，通过建立预算管理编制与考核的内在联系，强化各部门在预算管理执行中的责任意识和工作水平。依托明确的考核指标，企业对各部门的预算管理工作提出明确要求，让各部门产生责任意识，主动对各项预算管理工作负责，以此为后续工作创造条件和提供支持。

需要注意的是，对于不同的责任中心，企业应当依据不同的侧重点指标进行考核：对于利润中心，应当注重执行利润预算，并对执行情况进行考核；对于成本中心，应当重视成本控制能力，考核成本预算管理执行情况。为了实现高水平的预算管理，更加合

理、科学地分析预算情况，企业可结合实际需求，制定月度考核制度，对所有部门及员工进行月度预算管理考核。这样一来，既能强化预算管理考核的地位，又有利于员工提高业务素质和能力。

其次，企业在改进预算管理执行方案的过程中，需要让考核体现在执行预算管理的整体方略中，让考核结果与考核制度相挂钩，从而既能体现企业发展的需求所在，又能保证员工的基本利益。在完善考核制度的基础上采取公平、公正的奖惩措施，坚持"有过者罚，有功者赏"的原则，秉承"一碗水端平"的态度，严格依据考核结果实施奖惩。对于没有按照要求完成预算管理工作的部门，要先追究管理者的责任，再对部门员工进行通报批评或惩罚。对于按照要求高质量完成预算管理任务的部门，应当及时奖励部门所有人员。这样，既能促进员工树立集体责任意识，又能营造公平、和谐的工作环境。

此外，激励作为激发员工工作积极性和促进员工成长的重要手段，也需要体现在预算考核的结果上中。企业要通过构建预算管理考核激励体系，精确衡量员工对企业的实际贡献程度，使之成为提高预算管理水平的最后一道保险。

（四）做好引才和育才工作，构建预算管理人才队伍

预算管理具有引领、指导及管理控制的作用，是一项以财务计算为核心的管理工作，需要企业加大人力、物力、财力及技术资源加强建设，才能使其在企业发展中创造价值效益。而摆在企业面前的难题是，如何快速构建一支预算管理人才队伍，如何提高预算人员的业务素质和能力。只有解决这一问题，才能为提高企业预算管理水平提供动力支持并奠定坚实的基础。

首先，企业应当转变传统的选人和用人观念，积极开展人才招聘工作，依托考核的方式，选出能力出色的人才进行聘用，以此满足企业的发展需求。企业需要拓宽引才渠道，如开放网络平台、发布用人广告等，以引起相关人才的关注，通过提高岗位薪资待遇，提供职位晋升空间，使更多的人才来企业面试。而随着面试者的增多，企业将会有更多的选择，可以从面试人群中选出专业知识过硬、工作经验丰富、职业素质高尚的人才进行聘用。当然，企业也可以结合实际情况，对一些有潜力的应聘人员进行培训，使其快速掌握预算知识和技能，顺利走上工作岗位。

其次，企业应依据自身发展需求，加强育才工作。企业应坚持"以人为本"的原则，本着全心全意的服务态度，为预算管理人员提供更多的学习与深造的机会，并积极营造良好的学习氛围，使预算管理人员主动学习新思想、新知识及新技术。在条件允许的情

况下，企业可以邀请知名大学的教授或其他行业的预算管理精英，给企业的员工讲授最前沿的预算管理知识，使预算管理人员汲取新知识、学习新技能，在岗位上创造更多的价值。同时，预算管理作为风险控制的重要项目之一，对工作人员的职业素养要求较高，所以企业不仅要重视培养预算管理人员的业务技能，而且要重视培养预算管理人员的思想道德和职业精神，特别是要加强思想政治教育，让每名预算管理人员都树立健康的人生价值观念，提高思想政治觉悟，从而远离社会不良风气，利用法律武器规范自己的行为，从根源上杜绝贪污腐败现象。

最后，为了提高全员对学习业务技能的重视程度，提高全员的综合素质，企业可以将培训学习作为新的用人战略。企业可以通过将培训学习成果与岗位晋升制度相挂钩的方式，来激发员工工作的积极性。凡是经过培训学习取得优异成绩的预算管理人员，都可以作为财务部门的储备人才，特别是思想素质、职业精神、业务能力突出的预算管理人员，可以将其纳入预算管理层进行锻炼。这样一来，既能调动预算管理人员学习知识与技能的积极性，又能达到人尽其才的用人目的；更有利于推动预算管理的专业化。

综上所述，企业必须深刻认识时代发展的趋势，牢牢把握发展的契机，加强外部资源扩张和内部控制管理，才能不断提高自身的竞争力。预算管理作为企业管理中的一个重要项目，直接关乎企业的发展能力，企业只有加强预算管理认知和提高预算管理地位，明确预算管理的主体和采用科学的预算管理方法，完善预算管理考核、奖惩及激励制度，以及做好引才和育才工作，才能有效推动预算管理的发展，为企业经济的健康可持续发展提供助力。

第二章 投资决策与资金预测

第一节 预测、决策与预算的关系

一、预测概述

人们对预测概念的理解有广义、狭义两种。广义的理解认为预测是根据已知事件推测未知事件，包括对目前尚未发生的事件的推测；狭义的理解认为预测仅对目前尚未发生的事件的推测。从认识论的观点来看，预测是人类探索未来的一种认识活动，它是认识主体对于认识客体未来发展的一种预先的反映。尽管预测有许多不同的解释，但其一般应包括五个要素，即预测主体、信息资料、预测手段和方法、预测对象、预测结果。

预测是由人来做的，人是预测活动的主体，如果没有人，也就不存在预测。但在某些情况下，人既是预测者，又是被预测的对象，如人口预测。

信息资料是人们据以说明或判断未来事件的依据，包括收集到的背景资料、统计数据、动态情报及预测者的经验和认识。信息资料中的经验及认识是前人经验的积累；背景资料、统计数据是反映客观真实的程度，对预测有重大影响。由于经验的积累及科学知识的丰富，现代预测所依据的信息比古代的预测在内容上丰富得多。预测质量高低、是否可靠，与人们所掌握的信息密切相关。信息为预测提供基础，如果对事物的过去和现状一无所知，就很难作出有根据的预测。预测的对象越复杂，所需要的信息就越多。

具有丰富的科学知识是进行科学预测的必要前提。古代的求神问卦、占凶卜吉，尽管也是试图去预知未来，但充满了迷信和唯心主义色彩，这种情况说明人类早期处在蒙昧时代，还没有掌握足够的科学知识，因此不可能作出科学的预测。

但是，即使是在科学技术发达的今天，人类已经掌握了丰富的科学知识，但预测的重要性也不容忽视：预测既是计划工作的前提条件，又是计划工作的一个重要组成部分；预测是提高管理的预见性的一种手段；预测有助于促使各级主管人员向前看，即为将来做好准备；预测有助于发现问题，从而集中力量加以解决；预测工作在一定程度上决定了组织活动的成败。

二、预测分析

（一）预测分析的内容

1. 销售预测

销售预测是其他各种预测的前提。销售预测是指企业在一定的市场环境和一定的营销组合规划下，对某种产品在一定的地理区域和期间内的销售量或销售额期望值的预计和测算。其中，市场环境是指人口、经济、自然、技术、政治和法律、社会和文化等的发展状况；营销组合是指企业对销售价格、产品改良、促销活动和分销途径等方面的计划安排。

搞好销售预测不仅有利于企业提高经营决策的科学性，而且可使企业的经营目标与社会生产的发展、消费者的消费需求相适应，使产品的生产销售、调拨与库存之间密切衔接，有助于提高企业的经济效益。

2. 成本预测

成本预测是指根据企业未来发展目标和有关资料，结合科学技术的发展对本企业产生的影响，对未来生产的产品或提供劳务的成本所做的预计和测算。

成本预测的主要内容包括全部成本预测、单项成本预测、设计成本预测、生产成本预测、目标成本预测、成本变动趋势预测和决策成本预测。

3. 利润预测

利润预测是指在销售预测的基础上，按照企业经营目标的要求，通过综合分析企业的内外部条件，预算企业未来一定时期的利润水平、变动趋势，以及为达到目标利润所需要达到的销售成本水平的一系列专门方法。做好利润的预测工作，对于加强企业管理、扩大经营成果、提高经济效益，有着极为重要的作用。

4．资金预测

资金预测是指在销售预测、成本预测和利润预测的基础上，根据企业未来经营发展目标并考虑影响资金的各项因素，运用一定方法预计和推测企业未来一定时期内或一定项目所需要的资金数额、来源渠道、运用方向及其效果的过程。

广义的资金预测包括全部资金需用量及其来源预测、资金流量预测、资金分布预测和资金运用预测；狭义的资金预测是指资金需用量预测。

（二）预测分析的种类

预测分析按照其期限、性质、内容等，可划分为以下几种：

第一，按预测的期限进行划分，可以分为长期预测、中期预测和短期预测。长期预测是指对 5 年或更长时间的预测。当企业考虑远景规划或进行固定资产投资的时候，要对投入的资金、费用和投资后新增的利润进行预测，为编制长期计划和进行长期决策提供依据。中期预测是指对 1～5 年内的预测，主要目的是检查中期计划的执行情况和中期决策的经济效果，以便及时发现问题、纠正偏差，保证长期计划的实现。短期预测是指对年度或年度以内的预测，其目的是为编制年度计划、季度计划、月份计划，以及为掌握短期计划的执行情况提供信息。

第二，按预测的性质进行划分，可以分为定性预测和定量预测。有人说，预测就是估计。"估"，就是靠预测者丰富的知识和经验对事物进行推断，即所谓预测的软方法；"计"，是运用各种数学方法进行计算，即所谓预测的硬方法。凭经验进行全面的推断，往往能正确地判断事物的性质和发展方向，但在量上不易做到准确。要达到量的准确，就必须运用算术方法、线形规划、概率论、微积分等其他各种数学方法。一门学科的定量化，实质上也意味着一门学科的精密化、成熟化、完善化，这是许多学科发展的趋势。在实际工作中，一般是将定性预测与定量预测结合起来使用，用定性分析对定量预测的结果进行评价，提高预测结果的可信程度。

第三，按预测的内容进行划分，可以分为销售预测、成本预测、利润预测与资金预测。

（三）预测分析的程序

预测分析一般可按以下步骤进行：

1. 确定预测对象

预测对象是指预测什么，即确定预测分析的内容、范围、解决的问题和要求，并规定时间期限及计量单位等。

2. 搜集分析信息

确定预测对象后，应搜集尽可能多的相关信息，并且要认真审查所搜集的资料是否可靠、真实、全面，还要把这些资料进行分组、归类，以确保这些资料的系统性、可比性和连续性。

3. 选择预测方法

要根据预测对象，选择有针对性的预测分析方法。对于定量预测，应该选择预测分析的专门方法，建立数学模型，对资料进行处理、计算和分析；对于定性预测，也要选定方法，拟定预测的调查提纲。如果选择的预测方法不恰当，就难以达到预测的目的。

4. 实际进行预测

按选择的预测方法对所预测的对象进行实际预测，并做出实事求是的预测结论。

5. 验证评价

将实际数与预测数进行比较，计算并分析差异，找出产生差异的原因，以便及时加以修正。

6. 修正预测结论

因预测的假定性，其结果难免会有一定的误差，因此还应根据有实际经验的有关人员所估计的数据进行修正，使其更符合现实。

7. 输出预测结论

经过修正补充，把最后的预测结论呈报给有关领导，以便其作出正确的决策。

（四）预测分析的方法

预测的方法有许多种，一般可归纳为定性预测分析法和定量预测分析法。

1. 定性预测分析法

定性预测分析法又称非数量分析法，主要是根据对市场情况的了解和对市场未来发展变化的估计，依靠专家的经验和能力进行分析判断，然后加以整理综合，提出预测意见。这种方法特别适用于缺少历史资料而难以定量分析的情况，主要有专家意见法、主观概率法、综合意见法和市场调查法等。

2. 定量预测分析法

定量预测分析法又称数量预测分析法，是根据过去较完备的统计资料，运用现代数学方法，对有关数据资料进行科学的加工处理，借以充分揭示有关变量间的规律性的内在联系，作为对未来发展趋势进行预测的依据。

该类方法主要有以下两种：

（1）趋势预测分析法。趋势预测分析法是以某项指标过去的时间序列数据作为预测的依据，它是"过去历史的延伸"。此类方法主要有算术平均法、加权平均法、趋势平均法、指数平均法、直线趋势法和非直线趋势法等。

（2）因果预测分析法。因果预测分析法是利用事物发展的因果关系，来推测事物发展趋势，即根据过去掌握的历史资料，找出预测对象的变量与其相关事物的变量之间的依存关系，来建立相应的因果预测的数学模型。此类方法主要有回归分析法和相关分析法等。

三、财务决策概述

（一）财务决策的内部条件

1. 企业的规模

企业规模以企业所拥有的资本总量或资产总量来衡量，企业的规模越大，企业的资本总量（资产总量）就越多，企业财务决策所涉及的范围也就越广。随着规模的扩大，企业必然面临着企业分层管理与分业管理的问题，企业内部不同的等级、不同的部门、不同的行业形成了越来越多的层次，财务决策流通的灵活性与严密的可控性之间也就产生了矛盾。小型企业投资额极为有限，筹资所涉及的资金流较少，盈利分配的途径和利益相关者不多，各种财务关系较为简单；而大企业投资、筹资、成本决策的资金数额较大，所考虑的利益相关面就多，财务决策的难度大为增加。

2. 经营管理水平

企业财务决策依据一定的财务目标，运用决策科学、信息科学等知识与方法，利用会计资料，选择最优的财务方案，企业的经营管理水平与企业财务决策密不可分，必须在准确估计自身经营管理水平的基础上制定财务决策方案。

财务决策主要包括财务预测、财务计划、财务控制等基本要素，在企业的日常财务活动中处于核心地位，它要求管理人员将财务指标所揭示的生产经营方向具体化为可操作的日常控制标准。

另外，财务决策需要大量的财务信息等第一手资料。财务决策依赖于日常的营运资本管理和财务管理，如果企业的经营管理水平差强人意，职能部门间相互推卸责任，管理层的决策传递渠道存在堵塞现象，企业的财务关系就难以理顺，财务决策的方案往往会以失败告终。

3.生产技术特性

生产技术衡量企业投入与产出的数量对应关系。企业的财务决策服从于企业生产技术的特性。不同企业的生产技术对财务决策的侧重点有不同的要求。如果采用劳动密集型的生产技术，就意味着企业的人工支出比例较大，企业的流动资产较多，现金、存货、应收账款成为企业资金的主要占用项目，企业筹资呈现短期行为的特点，保持良好的现金流动是财务决策的聚焦点；如果采用资本密集型的生产技术，就意味着企业的机器设备等固定资产在企业资产中的比例较大，企业的筹资一般为适应大型固定资产购建的长期投资，投资方向主要侧重研究和开发以及购建固定资产。

4.领导者素质和决策权力配置机制

领导者的素质会左右财务决策的方向，使财务决策目标受限。如果领导在决策过程中受到来自个人或小团体的利益目标的影响和其他非理性因素带来的压力，改变了组织利益最大化的目标要求，在选择方案时，就会有意识地选择次优方案甚至是错误方案，以满足个人或小团体的利益目标、消解非理性因素带来的压力，这将不利于企业的发展。

合理的决策权力配置体制是科学财务决策的保证，财务决策最好由企业内既拥有资源分配大权，又自身介入项目的财务专家最后作出。如果权力过分集中于高层，信息传输渠道易受阻，会导致信息不对称或信息失真；如果权力过于分散，容易导致企业调控能力的欠缺，难以应对突发事件。

权力配置体制要求发挥财务工作者的能动性，发挥他们接触第一手材料、掌握财务动态的优点。决策具有的"臆测性"和"实验性"，要求决策者既具有资源分配权力，以确保财务决策全过程的资源供应，又充分了解财务决策的意义、难度和潜在风险，具有攻克难关的强烈意愿。

（二）财务决策的外部条件

1. 自然条件

自然条件是指自然环境里对企业经济活动（产业发展与布局）有影响的各个自然要素及其组成的自然综合体。它包括相互联系的两个方面：一是未经人类改造、利用的，与人类生活还没有直接联系的纯粹的自然；二是经过人类改造利用后的自然，如改良后的土壤、草原，人工建造的运河、水系，人工选育的动物、植物品种。自然条件在一定时间、地点条件下能产生经济价值，蕴涵着能提高企业当前和将来福利的自然环境因素和资源。大自然在一定程度上决定或影响企业的生产经营活动，如资源的充裕程度、质量高低、地理位置、运输条件等，自然条件的优劣是企业财务决策必须考虑的重要内容。

2. 社会环境

社会环境包括国家之间的关系、国家内部各地区之间的协作态度、政府工作作风及其办事效率、社会安定程度、社会文化环境、公民的素质与精神状态等内容。国家的政治形势与政策对企业有着决定生存和兴衰的作用，社会环境影响财务人员的素质，影响企业财务决策相关职员的能力。

企业中高层人员的能力包括理财意识与观念、理财知识、财政法规、对外部环境的适应与对策等；企业财务人员的能力包括专业知识、现代财务管理的方法及手段的运用、解决实际问题、增收节支和全力做好本部门各项业务等。

社会环境关系企业的购销活动、劳动效率、产品质量、生产经营的发展前景等，是企业财务决策应考虑的影响因素。

3. 宏观经济环境

宏观经济环境是财务决策活动的宏观经济状况，主要包括宏观经济调控政策和宏观经济管理体制两个方面。宏观经济环境往往要求企业的财务决策与其调整方向相契合。经济发展一般呈现波浪式前进的特点，在经济繁荣时期，企业在厂房设备、机器、存货等方面的投资增多，企业筹资的压力和机遇就倍增；而在经济停滞期，企业的筹资较困难、投资机会就少。

在宏观经济调控政策方面，国家的扩张性调控政策会使企业现金净流入减少，而收缩性调控政策会导致现金净流入增多。扩张性调控政策往往导致通货膨胀，使企业资金占用额、筹资成本和难度、投资虚假收益呈上升趋势；而收缩性调控政策往往导致通货紧缩，使企业资金占用额、筹资成本和难度、投资虚假收益呈下降趋势。

在宏观经济管理体制方面，企业的财务决策目标、手段、程序必须与宏观经济管理体制一致。在计划经济体制下，企业的财务决策是适应国家宏观经济调控的需要来确定财务方案的；而在市场经济中，企业应根据市场情况对自身进行财务预测、分析和控制。

4. 市场环境

市场需求是企业存在的天然先导，企业只有在现有的市场资源供给条件基础上生产出适合市场需求的产品，才有立足之地。市场的完善程度、市场需求状况是影响企业生产经营活动十分重要的外部环境，企业的新技术研发、新产品推广、服务质量提高应纳入企业财务决策范围。

企业的财务活动与市场状况有着千丝万缕的联系，企业所需要的生产资料、资金、劳动力、技术等要素必须通过市场流入企业的生产环节，而企业生产出来的产品又必须通过市场交换获取货币资金，以此作为下一阶段生产的资本保证。发育程度不同的要素市场对企业的成本产生不同的作用，要素市场发育的水平越高，企业可选择的余地就越大，市场竞争机制发挥的调节作用就越强，价格变动就越灵活，企业的成本就越趋于合理。同样，产品市场竞争强度的差异会导致企业的利润波动、经营风险、企业的市场控制力等方面的差异，企业在筹资、投资、成本控制等财务决策上所考虑的侧重点就不同。

5. 金融环境

金融市场是基金资金剩余者和资金短缺者进行资金融通的场所，为企业提供了良好的投资和筹资场所，为企业财务决策提供有用的信息，为企业长短期资金顺利转化提供便利，是企业进行财务决策的重要外部条件，决定着企业能否正常运行并取得良好的经济效益。

金融环境的优劣直接影响企业的资金周转，财务决策必须适应金融环境的状况，根据金融市场供需关系的变化，来实施企业的投融资决策。当金融环境发生变化时，财务决策就理应进行相应的改变，尤其是在作出重大的、长远的财务决策时，更需要对未来环境的变化趋势作出尽可能客观的分析和预测。

6. 法制环境

企业在从事各种财务活动及在处理各种财务关系时，应遵守相关的法律规定。法律既保护企业的合法权益，又构成了企业财务行为的约束条件。现阶段，在我国的法律体系中，与企业财务活动相关的法律包括企业组织法规、税收法规、财务法规等，它们共同约束着企业各方面的财务决策活动。

就筹资而言，法律法规规定了不同类型企业的最低筹资规模、筹资渠道、筹资方式、筹资程序和筹资的前提条件；就投资而言，法律法规规范了企业的投资方式、投资程序，企业的投资必须符合国家的产业政策，投资者必须在规定期限内履行出资责任；就利润分配而言，法律法规规范了企业可抵扣成本开支的范围和标准，规定了企业应缴纳的税种及计算方法，设定了企业利润分配去向、程序、比例等内容。

四、财务决策的特点

（一）大量运用数学模型

采用多种数学模型和计算方法，可以对多种数据进行整合分析，从无序散乱的数据中整理分析思路，为企业的财务决策、计划、控制提供切实的指导信息。在现代企业管理中，随着企业生产专业化和协作化的发展以及企业经营方式的日趋多样化，客观上要求对生产经营过程中各种经济活动的数量变化、各种经济活动之间的数量联系和变化规律进行较为详细、可靠的预测和计算，数学模型的应用势在必行。

运用数学模型进行财务决策，需要在资金投入与得到的经济收入之间建立科学的数量关系，主要是对资金的筹集、投放、使用、回收等从量上进行分析，找出适用于分析方案的数学模型，提高财务决策的质量，运用计量模型和经济数学方法确定企业最优的筹资规模、资金成本和资金结构。

（二）灵敏度高

在市场经济条件下，货币充当了一般等价物，企业的经济活动最终体现为货币量，各种企业采取货币这个统一尺度进行财务核算，现代企业制度要求投入资本实现保值增值，企业经营管理目标为经济效益最大化。企业要想生存，必须做到以收抵支、到期偿债；企业要发展，必须扩大收入。收入、支出两方面的变动意味着人、财、物相应地增减，都将以资金流动的形式在企业财务上得到全面反映，并对财务指标的完成产生重大影响。

在现代企业制度下，企业成为面向市场的独立法人实体和市场竞争主体，高度的灵敏性决定了财务决策是一切管理的基础，抓好财务决策就是抓住了企业管理的牛鼻子，管理也就落到了实处。

（三）整体性

财务决策和投资、筹资、资本结构等组成部分是相互联系、相互作用、相互制约的统一的整体，各组成部分的良好运作是财务决策有效的必要条件。财务决策在企业生产经营中的作用远远大于各组成部分功能的简单相加。

企业财务决策的基本出发点是在既定的条件下追求产出的最优化。投资、筹资、成本核算等财务决策的各个有机组成部分必须服从整体目标的需要，各个部分必须进入财务决策体系的特定位置，必须发挥特定的作用，具备财务决策体系赋予它的特定功能。评价财务决策方案效果的唯一标准是能否达到既定目标，如果企业的财务决策并不能从整体上为公司增收节支，筹资成本或资本结构等个别部分的最优结果也就失去了实际的意义。

（四）广泛性

就企业外部而言，经济手段是调动各市场主体积极性的最有效手段，企业财务决策在投资、筹资、利润分配、成本运营中，与政府、股东、金融机构、供应商、客户和内部职工等利益主体有着千丝万缕的联系，引发各个主体对资金供需、债务偿还、福利待遇等利益关系的调整。

就企业内部而言，企业生产、供应、销售等各个环节都会引发资金流动，每个部门在合理使用资金、节约资金支出、提高资金使用率上接受财务部门的指导、监督和约束；同时，财务部门收集了企业内外对投资、筹资、成本管理等有正效用的财务资料，自觉参与企业投资项目的预测、论证，考虑货币时间价值和风险程度，准确比较项目的投资回报率和筹资成本率，设法筹足项目资金，优化企业资金占用结构，要运用财务预测方法，为项目的财务预算把好关，确定最佳购存点上的资金匹配结构。

（五）时效性

财务决策投入一般包括人员、资金、物资、信息和时间等，这些投入对企业价值的影响不仅取决于数量的多少，而且取决于财务决策对投入时机的把握。市场条件瞬息万变，在一定时间段内是最优的决策方案，在以后的市场状况发生重大变化的时间段内实施，其财务资金投入时机、结束时机、持续时间等就可能存在缺陷，也就可能会变成对企业利润造成负面影响的不可取方案。

财务决策的基础是企业的财务信息与相关资料，投资决策、筹资决策则是对财务预测结果的分析与选择，财务信息与相关资料的时效性意味着财务决策者要善于抓住时机，错失良机或急于求成都会严重影响财务决策的效果，任何超前、滞后的决策方案都难以达到最佳效果，甚至可能给企业带来损失。

（六）综合性

财务决策以价值的形式进行，反映的是企业整体资金流动的情况，包括筹资决策、投资决策、权益分配决策和成本决策等，在经济管理上具有综合性的特点。通过资金的收付及流动的价值形态，企业财务决策渗透到生产、供应、销售的每个环节和人、财、物等各个要素当中，为企业生产经营的事先预测、事中控制、事后考核服务，可以及时、全面地反映商品物资的运行状况，通过各种财务指标来协调、促进、控制企业的生产经营活动。

从企业的需要出发，财务决策可以建立资金补偿积累机制，以使企业抓好资金的后续管理，防止资金过多地分流到工资、福利、非生产投资等方面，尽可能地把有限的资金投放到能够给企业带来最大经济效益的产品中去。同时，财务决策可以合理制定税后利润分配政策，把税后利润尽可能用于企业的扩大再生产，确定最合理的成本结构，促进企业的自我良性发展。

五、财务决策的类型

（一）按照能否程序化进行分类

按照能否程序化进行分类，财务决策可以分为程序性财务决策和非程序性财务决策。程序性财务决策是指经常性的日常财务活动的决策；非程序性财务决策是指经常性的和独特的、非常规的财务活动的决策。

（二）按照决策所涉及的时间长短进行分类

按照决策所涉及的时间长短进行分类，财务决策可以分为长期财务决策和短期财务决策。前者是指涉及一年以上的财务决策；后者是指涉及不到一年的财务决策。

（三）按照决策所处的条件进行分类

按照决策所处的条件进行分类，财务决策可以分为确定性财务决策、风险性财务决策和非确定性财务决策。确定性财务决策是指对未来情况有充分把握的事件的决策，每个方案只有一个结果；风险性财务决策是指对未来情况不完全掌握的事件的决策及每个方案的若干结果，但可以通过概率确定；非确定性财务决策是指完全无视未来情况的决策，每个方案都会有几种结果，其结果无法决定事件的决策。

（四）按照决策所涉及的内容进行分类

按照决策所涉及的内容进行分类，财务决策可以分为投资决策、融资决策和股利分配决策。投资决策是指资本对外投资和内部分配的决策；融资决策是指资金筹集决策；股利分配决策是指利润分配决策。

（五）其他分类

财务决策还可以分为生产决策和营销决策等。生产决策是指在生产领域生产什么、生产多少及如何生产的决策。它包括如何利用剩余产能，如何处理亏损产品，是否进一步加工产品和确定生产批次等。

市场营销决策往往涉及两个方面的问题：一是销售价格的确定，即定价决策；二是如何在销售价格与销售量之间取得平衡，以谋求利润的最大化。

六、财务预算与预测、决策的关系

在现代企业财务管理实践中，财务预算要以财务预测的结果为根据，受到财务预测质量的制约，在对未来的规划方面，它又比财务预测更具体、更有实际意义。

财务预算必须服从决策目标的要求，尽量做到全面地综合、协调、规划企业内部各部门各层次的经济关系与职能，使之服从于经营总体目标的要求。同时，财务预算又能使决策目标具体化、系统化、定量化，能够明确规定企业有关生产经营人员各自职责及相应的奋斗目标，做到人人事先心中有数。

另外，全面预算管理控制与企业经营决策两者是服务与被服务的关系。全面预算管理控制体系作为企业的一种现代管理手段，不仅具有内部控制的功能，而且为企业经营决策的分析提供了一个良好的平台。在全面预算管理控制体系中，预算目标的确定就是对企业年度经营目标的决策，预算的编制是企业销售、生产、采购等企业经营决策的依据，预算执行和控制是对企业经营决策的实施进行监督、控制、反馈的过程，预算的分析与考评是对企业管理人员决策成果的鉴定与评价。企业全面预算管理控制体系作为企业经营决策分析的工具，在为企业管理和决策人员提供决策所需的科学、准确的数据的同时，全面预算管理控制体系中的每个环节又都是一个决策的过程，即是"决策—实施—修正—决策"这样一个不断循环的过程，只有这样，才能有效提高企业决策的科学性和准确性。

在预算编制准备工作开始之前，需要做好以下工作：

第一，在对企业的内外部环境进行科学分析的基础上，制定企业的战略目标。

第二，将战略目标进行分解和落实。

第三，根据战略目标制定企业的预算目标。

第四，在预算目标确定之前，通过利用 ERP（企业资源企划）数据库和量化企业的经营目标，建立预算目标指标体系。预算目标指标体系不仅是全面预算执行和控制的标杆，而且可以用来对预算实际情况进行差异分析，在差异分析的基础上调整企业的经营决策。

如果预测的方法不恰当，未必能得到满意的结果。也就是说，要使预测更好地服务于决策，拥有丰富的知识是必要条件之一。因此，为作出合理、有效的预测，更好地为决策服务，必须尽可能地获得与预测对象有关的信息资料。

七、预测手段和方法

预测手段和方法是影响预测质量的一个重要因素。假设推理、计算、统计和数理统计等都被不同程度地作为预测方法和手段来运用，那么掌握科学知识的多寡、手段和方法的运用是否恰当，是决定一个预测是否科学的关键。科学的预测是人们利用所掌握的科学知识和科学手段，去获得有科学依据的预测；反之，人们在不能获得足够的科学知识，也没有有效的科学手段的情况下，所作出的预测则往往是非科学的。

预测对象即未来事件。作为预测概念中的未来事件，人们对其理解有广义和狭义之分。广义的未来事件是指尚未发生的事件以及已发生但未发现的事件；狭义的未来事件是指目前尚未发生的事件，即随机事件。例如，电视机的零售价格可能降低，也可能不降，所以电视机的零售价格是个随机事件。对财务预测的研究就是从狭义的概念去进行的，财务预测对象是财务活动中的目前尚未发生的事件，如资金的需要量、成本的发生额、销售的数量、利润的发生额等。

人们所要预测的不是事物的历史和现状，而是它的未来，尽管事物的未来离不开它的历史和现状，但由于事物的历史和现状已为人们所知，因而用不着人们去预测。

预测必须形成预先的推知和判断，即预测结果。预测是通过预测结果体现出来的，没有预测结果的预测并不是预测。预测活动的目的是要利用所获得的预测结果为决策和计划服务。如果没有预测结果，预测就不能成立，更谈不上为决策和计划提供依据。因此，预测就是预测者根据已知对预测对象的未来状态进行分析、估算和推断。

现代预测大量地运用观察、归纳、演绎、推理等分析方法，运用数学模型，根据客观的资料、主观的经验和教训，探索客观事物发展变化的趋势，并力求提高预测的可靠性和精确性。无论是宏观的经济管理，还是微观的企业管理；无论是社会发展规划，还是科学管理等，都必须重视调查研究，获取信息，掌握客观规律，做好周密的计划，才能达到成功的目的。

八、预测的原理

任何事物的发展趋势总是有一定的规律可循的。在一定条件下，人们可以认识和掌握这些规律。预测的任务是寻求研究对象发展、变化的规律，这些规律实质上成为预测的原理，形成了预测的理论依据。

（一）可能性原理

任何事物的发生、发展都受其内因与外因的影响。内因是事物发展变化的根据，外因是事物发展变化的条件。内因对事物的发展变化起决定性的作用，外因则在不同程度上对其施加影响。这种影响可能使事物内部矛盾发生变化，也可能不发生变化。如果事物内部矛盾发生了变化，就有可能引起质变，从而改变其运动方向。作为预测对象的任何事物，其未来的发展趋势及状况必然会受到内外因的共同作用，因此其发展趋势和状况具有多种可能性。

（二）可知性原理

可知性原理也称为规律性原理，它属于认识论方面的理论研究范围。辩证唯物主义认为，世界是物质的，事物的发展尽管千姿百态，但各有其固有的规律，这些规律可以被人们认识和掌握。这就意味着，任何预测对象的未来发展趋势和状况都是可知的。人们只要掌握了事物发展变化的规律，就可以预测事物的未来发展趋势和状况。由此可见，可知性原理是人们自觉主动地从事预测活动的重要理论基础之一。

（三）可控性原理

可控性原理指人们在掌握预测对象规律性的前提下，可以发挥自己的主观能动性和创造性，使事物朝着人们期望的方向发展。事物是在内外因的共同作用下发展和变化的，有其自身的发展规律。如果人们对事物的未来发展变化只是听之任之，无法对其施加影响，那么所进行的预测活动就没有任何意义。

预测原理是人们经过长期研究和实践总结出来的。在实务操作中，人们以上述原理指导预测分析，并加以综合应用，创造了种类繁多的预测方法，运用于各个领域。

掌握预测的原理，可以建立正确的思维程序，这对于预测人员拓展思路，合理地选择和灵活运用预测方法，都是十分必要的。然而，世界上没有一成不变的事物。预测对象的发展不可能是过去状态的简单延续，预测的事件也不会是已知的类似事件的机械再现。相似不等于相同，因此在预测过程中，还应对客观情况进行具体、细致的分析，以求提高预测结果的准确度。

（四）惯性原理

客观事物的发展变化过程常常表现出它的延续性，通常称这种表现为"惯性现象"。客观事物运动的惯性大小通常取决于本身的动力和外界因素制约的程度。例如，一项新技术的应用前景，其技术性能固然是一个重要方面，但企业的需求、其他技术的替代作用也会起到激发或限制的作用。研究对象的惯性越大，说明延续性越强，越不易受外界因素的干扰而改变本身的运动倾向。例如，属于生产资料的产品，一般对其品种、质量、产量的需求比较稳定，影响生产资料市场的主要因素（国家投资、用户需求等）变动比较缓慢，因而表现出来的惯性较大；属于消费资料的产品，由于购买者的爱好、兴趣的差异较大，且容易改变对规格、品种和价格的要求，所以表现出来的惯性较小，尤其是流行商品的市场需求变化纷繁，惯性更小。

任何事物的变化都不是孤立的，而是在与其他事物的相互影响下发展的。事物之间的相互影响常常表现为因果关系，如耐用消费品的销售量与人均收入水平密切相关，与社会人口结构也有关。深入分析研究对象与相关事物的依存关系和影响程度，是揭示其变化特征和规律的有效途径，并可用以预测其未来状态。从时间关系来看，相关事物的联系分为同步相关和不同步相关两类。先导事件与预测事件的关系表现为不同步相关。例如，基本建设投资额与经济发展速度有关。又如，在资本主义国家，利息率的提高将会明显地导致新住宅建筑的衰落。因而，根据先导事件的信息，可以有效地估计不同步相关的预测事件的状态。同步相关的典型事例，如冷饮食品的销售量与气候变化有关、服装的销售与季节的变化有关等，先导事件与预测事件之间的相互影响即时可见。相关原理有助于指导预测者深入研究预测对象与相关事物的关系，有助于预测者对预测对象所处的环境进行全面分析。相关原理是因果型预测方法的理论基础。

（五）类推原理

许多特性相近的客观事物，它们的变化有相似之处。类推预测的应用前提是寻找类似事物。通过分析类似事物相互联系的规律，根据已知的某事物的变化特征，推断具有近似特性的预测对象的未来状态，这就是所谓的类推预测。类推预测可分为定性类推和定量类推。在缺乏数据资料的情况下，类似事物的相互联系只能做定性处理，这种预测就称为定性类推预测，如由金属成型工艺类推预测塑料成型工艺的发展，由鸟的翅膀的几何形状类推预测飞机机翼的变化等。定量类推需要一定的数据资料（即先导事物），根据先导事物的数据变动情况，建立先导事件与预测对象的数量联系，进而进行预测。

九、预测的特点

一般说来，在企业中，对需求作出预测是市场营销部门而不是生产部门的事情。不过，市场营销部门经常把生产部门的人员请来帮助他们进行预测。另外，因为预测是作出众多生产决策的基础，所以生产总监和一般职员都必须熟悉那些可以在实际中采用的预测方法，并了解应用这些方法的基本前提和这些预测方法的局限性。另外，生产总监还要充分认识到预测对生产运作的影响。总之，预测是生产管理，特别是制订中长期生产计划的一个组成部分。

需求预测方法种类繁多，这些方法之间有很多不同之处，就所有的预测方法来说，仍然有以下一些共同特点：

第一，预测一般假设在过去发生某一事件的状态在将来仍然存在。总监不能单单依赖数学模型和计算机进行定量预测，而不去做任何分析总结工作。要知道，未曾预测到的事情可能极其严重地影响着预测的准确性。例如，与天气有关的事件、税收的增减、竞争性产品或服务价格和质量的改变都可能对未来产生重要的影响。所以，生产总监必须对这些可能出现的突发事件给予足够重视，并做好重新预测的准备。因为原来的预测是假设在情况不发生什么变化的前提下作出的，所以如果发生了突发事件，就必须放弃原来作出的预测。

第二，预测极少准确无误，实际情况总是与预期有所不同。没有哪个人能够准确地判断某些因素会在多大程度上影响预测。当然，这里的因素是指经常在起作用的、与预测对象有关的因素，正是这些随机因素的出现影响了预测的准确性。预测人员在作出预测时，必须考虑预测与实际情况之间的差异，以便根据预测结果进行决策。

第三，对一组事件进行预测比起对单个事件进行预测来得更为准确，这是因为在不同事件之间产生的预测误差可以相互抵消。如果零部件或原材料被用于多种产品生产或者一种产品，或者将服务提供给了相互独立的不同用户，那么成功的机会就会增加。

第四，当预测的时间跨度比较长时，预测的准确性就会降低。在一般情况下，短期预测比长期预测所处理的不确定因素要少，所以短期预测更为准确。因此，可以得出这样一个重要结论：那些能够对需求变化迅速作出反应、柔性大的公司只需进行短期预测，并且在与那些调整慢而必须进行长期预测的公司竞争时，将获利更多。

第二节 项目分析与投资决策

一、项目投资分析

（一）项目投资的含义

投资是指企业为了在未来取得收益而发生的投入财力的行为。它包括用于机器、设备、厂房的购建与更新改造等生产性资产的投资，简称项目投资；也包括购买债券、股票等有价证券的投资和其他类型的投资。从性质上看，它是企业直接的、生产性的对内实物投资，通常包括固定资产投资、无形资产投资、开办费投资、流动资金投资等。

（二）项目投资的类型

工业企业投资项目主要包括新建项目和更新改造项目两种类型。

1. 新建项目

新建项目是以新建生产能力为目的的外延式扩大再生产。新建项目按其涉及内容，可细分为单纯固定资产投资项目和完整工业投资项目。

单纯固定资产投资项目简称固定资产投资，其特点在于投资中只包括为取得固定资产而发生的垫支资本投入，而不涉及周转资本的投入。

完整工业投资项目的特点在于不仅包括固定资产投资，而且涉及流动资金投资，甚至包括无形资产等其他长期资产投资。

2. 更新改造项目

更新改造项目是以恢复或改善生产能力为目的的内涵式扩大再生产。因此，不能将项目投资简单地等同于固定资产投资。项目投资对企业的生存和发展具有重要意义，是企业开展正常生产经营活动的必要前提，是推动企业生产和发展的重要基础，是提高产品质量、降低产品成本不可缺少的条件，是增加企业市场竞争能力的重要手段。

（三）项目投资的程序

1. 投资项目的设计

对于投资规模较大、所需资金较多的战略性项目，应由董事会提议，由各部门专家组成专家小组提出方案，并进行可行性研究；对于投资规模较小、投资金额不大的战术性项目，由主管部门提议，由有关部门组织人员提出方案，并进行可行性研究。

2. 项目投资的决策

（1）估算出投资方案的预期现金流量。

（2）预计未来现金流量的风险，并确定预期现金流量的概率分布和期望值。

（3）确定资本成本的一般水平，即贴现率。

（4）计算投资方案现金流入量和流出量的总现值。

（5）通过项目投资决策评价指标的计算，作出投资方案是否可行的决策。

3. 项目投资的执行

对已作出可行决策的投资项目，企业管理部门要编制资金预算，并筹措所需要的资金，在投资项目实施过程中，要进行控制和监督，使之按期、按质完工，投入生产，为企业创造经济效益。

（四）项目计算期

项目计算期是指投资项目从投资建设开始，到最终清理结束的全部时间。它包括建设期和生产经营期。其中，建设期是指从项目资金正式投入开始，至项目建成投产为止所需要的时间，建设期的第一年年初被称为建设起点，建设期的最后一年年末被称为投产日，从投产日到终结点之间的时间间隔称为运营期。

项目计算期通常以年为单位，第一年年初被称为建设起点，如果建设期不足半年，可假定建设期为零；项目计算期最后一年年末被称为终结点，可假定项目最终报废或清理均发生在终结点，但更新改造除外，即"项目计算期 = 建设期 + 运营期"。

二、项目投资现金流量分析

（一）现金流量的定义

现金流量也称现金流动量。在项目投资决策中，现金流量是指投资项目在其计算期内，因资本循环而可能或应该发生的各项现金流入量与现金流出量的统称。它是计算项目投资决策评价指标的主要依据和重要信息之一。

（二）现金流量的分类

1. 按照现金流动方向进行分类

按照现金流动方向，可将项目投资活动的现金流量分为现金流入量、现金流出量和现金净流量。

（1）现金流入量

现金流入量是指项目投资引起企业现金收入的增加额，包括产品销售收入、营业外收入、项目终结时固定资产余值和收回营运资金等。

（2）现金流出量

现金流出量是指项目投资引起企业现金支出增加额，包括建设投资成本、付现成本、税金和营业外支出等。

（3）现金净流量

现金净流量是一年内项目投资所引起的现金流入量和现金流出量的差额，它可能为正值、负值和零。当现金流入量大于现金流出量时，现金净流量为正值；当现金流入量小于现金流出量时，现金净流量为负值；当现金流入量等于现金流出量时，现金净流量为零。

2. 按照现金流量发生时间进行分类

按照现金流量发生时间，可将项目投资活动现金流量分为初始现金流量、营业现金流量和终结现金流量。

（1）初始现金流量

初始现金流量是指项目投资开始时的现金流出量，主要包括固定资产投资、无形资产投资、垫支的营运资金和其他相关费用。

（2）营业现金流量

营业现金流量是指项目投资营运期间现金净流量，现金流量等于流入量减去现金流出量。营运期间现金流入量主要是指营业现金收入，营运期间现金流出量主要是指营业现金支出和缴纳的企业所得税。营业收入分为现金营业收入和赊销营业收入，由于赊销营业收入通常在一年以内收回，因此每年的项目投资营业收入等于营业现金收入。

（3）终结现金流量

终结现金流量是项目投资在终结点所发生的现金流量，通常为现金流入量。终结现金流量包括固定资产的残值净收入、收回垫支的营运资金等。

（三）现金流量的作用

财务管理以现金流量作为项目投资的重要价值信息，主要出于以下考虑：

第一，现金流量信息所揭示的未来期间现实货币资金收支运动，可以实时动态地反映项目投资的流向与回收之间的投入、产出关系，使决策者处于投资主体的立场上，便于更完整、准确、全面地评价具体投资项目的经济效益。

第二，利用现金流量指标代替利润指标作为反映项目效益的信息，可以摆脱在贯彻财务会计的权责发生制时必然面临的困境，即由于不同的投资项目可能采取不同的固定资产折旧方法、存货估价方法或费用摊配方法，从而导致不同方案的利润信息相关性差、透明度不高和可比性差。

第三，利用现金流量信息，排除了非现金收付内部周转的资本运动形式，从而简化了有关投资决策评价指标的计算过程。

第四，由于现金流量信息与项目计算期的各个时点密切结合，有助于在计算投资决策评价指标时，应用资金时间价值的形式进行动态投资效果的综合评价。

（四）项目投资现金流量的分析

项目投资净现金流量是指在一个投资项目引起的企业现金支出和现金收入增加的数量。这里的"现金"概念是广义的，包括各种货币资金及与投资项目有关的非货币资产的变现价值。当流入量大于流出量时，项目投资净现金流量为正值；反之，项目投资净现金流量为负值。投资项目的周期一般要依次经过投资兴建、投产后发挥效益、寿命终结等阶段。因此，投资项目整体的现金流量就由相应的初始现金流量、营业现金流量和终结现金流量三个部分组成。

1. 初始现金流量

初始现金流量是指开始投资时发生的现金流入量、现金流出量。它一般包括以下五项内容：

（1）固定资产投资

固定资产投资包括固定资产的购置成本或建造成本、运输成本和安装成本等。

（2）垫支的流动资金

垫支的流动资金是指投资项目建成投产后，为开展正常经营活动而必须伴随固定资产的投资，相应地增加一部分流动资金参加生产周转，如投资于材料、产品和现金等。但是，流动资金的投资只是一种垫支的资金，当该投资项目退出生产后，它也退出生产周转。

（3）无形资产投资

企业进行投资活动，往往包括无形资产上的投资，如专利权、商标权和非专利技术等，尤其是在现如今的知识经济时代，无形资产投资更是意义重大。

（4）其他方面的投资

其他方面的投资包括筹建费用和职工培训费等。

（5）原有固定资产变价收入

原有固定资产变价收入主要是指对固定资产进行更新、改造时，原有固定资产变卖所得的现金收入。初始现金流量除了原有的固定资产变价收入为现金流入量以外，其他部分均为现金流出量。

2. 营业现金流量

营业现金流量是指项目投产后整个寿命周期内正常生产经营活动所带来的现金流入和现金流出的数量，一般按年度进行计算。其年度现金流入量一般是指营业现金收入，其年度现金流出量一般是指营业现金支出和各种税款的现金支出。

营业现金支出即付现成本，是指在经营期内为满足正常生产经营而需用现金支付的成本。其成本中不需要每年支付现金的部分称为非付现成本，主要是折旧。因此，付现成本可用成本减折旧来估计。

营业现金流量的计算有以下三种方法：

（1）根据现金流量的定义来计算

根据现金流量的定义，所得税是一种现金支付，应作为每年营业现金流量的一个减项，即：

$$营业现金流量 = 营业收入 - 付现成本 - 所得税 \qquad (2\text{-}1)$$

（2）根据年末营业结果来计算

企业每年的现金增加来自两个主要方面，一是当年增加的净利，二是计提的折旧，以现金形式从销售收入中扣回，留在企业里，即：

$$营业现金流量 = 净利润 + 折旧 \qquad (2\text{-}2)$$

式（2-1）与式（2-2）是一致的，可从式（2-1）直接推导出来，即：

营业现金流量 = 营业收入 - 付现成本 - 所得税

= 营业收入 - （营业成本 - 折旧）- 所得税

= 税前利润 + 折旧 - 所得税

$$= 净利润 + 折旧 \qquad (2\text{-}3)$$

（3）根据所得税对收入和折旧的影响来计算

营业现金流量 = 净利润 + 折旧

=（营业收入 - 营业成本）×（1 - 税率）+ 折旧

=（营业收入 - 付现成本 - 折旧）×（1 - 税率）+ 折旧

= 营业收入 ×（1 - 税率）- 付现成本 ×（1 - 税率）- 折旧 ×（1 - 税率）+ 折旧

= 营业收入 ×（1 - 税率）- 付现成本 ×（1 - 税率）- 折旧 + 折旧 × 税率 + 折旧

$$= 营业收入 ×（1 - 税率）- 付现成本 ×（1 - 税率）+ 折旧 × 税率 \qquad (2\text{-}4)$$

在上述公式中，最常用的是式（2-4），因为企业的所得税是根据企业总利润计算的。在决定某个项目是否投资时，往往使用差额分析法确定现金流量，并不知道整个企业的利润及与此有关的所得税，这就妨碍了式（2-1）和式（2-2）的使用。式（2-4）并不需要知道企业的利润是多少，而是使用起来较方便（尤其是对于固定资产更新决策，是没有办法计量某项资产给企业带来的收入和利润是多少的，所以无法使用前两个公式）。

3. 终结现金流量

终结现金流量是指投资项目终结时所发生的现金流量。终结现金流量基本上是现金流入量，包括以下内容：

（1）该生产线出售（报废）时的残值收入资产

出售或报废时的残值收入是由于当初购置该生产线引起的，因而应作为投资方案的一项现金流入。

（2）收回的流动资金

该生产线在出售（报废）时，企业可相应增加流动资金，将收回的资金用于别处。因此，应将其作为该方案的一项现金流入，即：

$$终结现金流量 = 营业现金流量 + 回收额 \qquad (2-5)$$

三、资本支出与项目投资评价

（一）资本支出与长期经营决策的特点

资本支出是指用于各种长期资产的支出。该支出的产生不仅与本期收入有关，而且与其他会计期间的收入有关，主要是为以后各期的收入取得而产生，包括购建固定资产、无形资产和对外长期投资等。资本支出将随着每期对资产的耗费，按照受益原则和耗费比例，通过折旧、摊销等方法，分期转化为费用。资本支出中的重大工程项目往往体现企业发展战略和中长期发展规划，对于提高企业的再生产能力和支撑保障能力、促进企业的可持续发展，具有重要作用。

长期经营决策是指拟定长期投资方案，用科学的方法对投资方案进行分析、评价，并选择最佳投资方案的过程。长期经营决策涉及企业重大财务资源的投资，具有投资金额大、周转时间长、变现能力差、投资风险大和要求的报酬率高等特点，其决策充满着不确定性。

影响项目投资的因素包括投资风险、投资报酬、投资时机和投资结构等。在投资决策评价过程中，还涉及现金流量、资金的时间价值、必要的投资报酬率等，所以在投资决策过程中，必须全面考虑、统筹兼顾、权衡利弊得失，因为任何一个项目投资决策一旦作出，将难以改变，即使有能力进行调整，也可能要付出很大的代价，并会在较长时间内对企业的经济效益乃至企业的命运产生影响。

长期经营决策是涉及企业生产经营全面性和战略性问题的决策，其最终目的是提高企业总体的经营能力和获利能力。正确进行长期经营决策，有助于企业生产经营长远规划的实现。企业应当根据发展战略和投资计划，提出项目建议书，编制可行性研究报告，并组织内部相关机构的专业人员进行充分论证和评审，在此基础上，按照规定的权限和程序进行决策。

重大工程项目应当报经董事会或类似决策机构集体审议批准，任何人不得单独决策或擅自改变集体决策意见。企业必须强化对项目建设全过程的监控，制定和完善工程项目的各项管理制度，明确相关机构和岗位的职责权限，规范工程项目立项、招标、造价、建设、验收等环节的工作流程及控制措施，保证工程项目的质量和进度。任何企业编制全面预算，尤其是长期预算，必须考量资本支出，加强投资风险管理。

（二）项目投资决策的评价指标

项目投资决策的评价指标是指用于衡量和比较投资项目的可行性，以便进行项目投资决策的定量化标准与尺度。按照是否考虑资金的时间价值进行划分，项目投资决策的评价指标可以分为非贴现评价指标和贴现评价指标两大类。非贴现评价指标又称静态指标，如投资回收期（PP）和投资利润率（ROI）；贴现指标又称动态指标，如净现值（NPV）、净现值率（NPVR）、现值指数（PI）和内含报酬率（IRR）。

（三）项目投资决策分析的三要素

项目投资决策分析应当以折现的评价指标为主。采用折现法的基本理由是：一项长期使用的资产，不仅现在能取得一定的收益，而且期望将来源源不断地取得这种收益。同时，作为购买该项资产的投资者，为此支付的货币量不会（也不应该）超过该项资产（或与其具有同样风险因素的相似资产）预期收益的折现值。如果是这样的话，这项资产的价值就相当于这样一个货币额，即将这个货币额存入银行的话，在相同报酬率要求的前提下，投资者会源源不断地获得与这项收益等量的收入。投资之所以能够实现，是因为有取得期望收益的可能。同样，要想获得期望收益，就必须进行投资，这是一种现值货币与将来不断取得货币收入之间的权利交换。

在采用折现法进行项目投资决策评价之前及其过程中，应当确认以下三大要素：

1. 收益额

收益额的确认，首先来源于评价人员的职业判断与项目评价经验，应当尽量客观、公允。理性上认定的收益额应该就是特定项目所提供的有贡献的未来收益，它只能归属于该特定项目持有期所拥有的合理的、正常的、客观的收益，能确切反映该资产的内在价值。代表项目收益额的指标主要有净利润（税后利润）和净现金流量（现金流量净额）两种，一般采用项目现金流量指标。项目现金流量净额是以独立的项目作为一个系统，反映其整个寿命期内实际发生的现金流入量和流出量的净额。无论是营业收支、投资收支，还是资产收支，只要是形成现金流量净额的，都看作净收益。现金流量净额是各年的现金流入量与现金流出量的差额。

2. 折现率

折现率又称为收益还原率，其本质是一种投资回报率，包含无风险报酬率、风险报酬率和通货膨胀率。其中，无风险报酬率一般是指资金的时间价值，风险报酬率一般是指冒风险所取得的报酬与投资额（占用资产）的比率。对于每一项资产的投资，由于其投资对象不同、使用条件不同、具体用途不同、所处行业不同，其面临的风险也不一样，因此折现率也不相同。

3. 收益期

收益期即收益年限（收益期间），一般分为有限期和无限期两种。考虑到企业持续经营的特殊性，在有充分证据证明资产的正常收益可以无限期地获得时（如资产对应的产品能有长期的市场等），可以采用无限期的收益法来估算项目的价值。当资产的收益有期限时，应以项目收益的有效年限为预测依据，如在有法律效力的合同、协议等契约（如经营合同）中约定的资产收益期、资产本身的寿命期、资产所对应的产品的生命周期等。

收益期在运用于投资项目评价时，通常被称为项目计算期。项目计算期是指投资项目从投资建设开始到最终清理结束整个过程的全部时间，即指投资项目的有效持续期间。完整的工业投资项目计算期包括建设期和生产经营期，即：

$$项目计算期 = 建设期 + 生产经营期 \tag{2-6}$$

以上三个要素所构成的项目评价方法也被称为收益现值法（简称"收益法"），是国际上通行的资产评估方法。在投资市场或资本市场上，投资之所以能够实现，是因为投资者有取得期望收益的可能。同样，投资者要想获得期望收益，就必须进行投资。而收益现值法实质上就是货币的现在价值与其将来价值之间的比较关系，即它是把将来收到的现金净流入量或净利润折现后与投入的现值金额相比较所体现的投资效果的过程。

第三节 资金预测与可持续发展

一、资金预测的含义

资金预测具体指资金需要量的预测，即企业利用相关历史资料和科学的方法，对未来某一时期的企业所需的资金量的预计和测算。资金预测是编制资金预算的必要步骤，可以提高企业的资金效益，达到为企业经营决策服务的目的。

二、资金预测的方法

（一）比率预测法

比率预测法是指依据有关财务比率与资金需要量之间的关系，来预测未来资金需要量的方法。

常用的比率预测法是销售额比率法（也称销售百分比法），是以资金与销售额的比率为基础，用以预测未来资金需要量的方法。

在一定范围内，一个企业的变动资产和变动负债往往与销售收入之间存在着较为稳定的百分比关系。

如果用 A、B、S_1 和 S_2 分别表示基期变动资产、基期变动负债、基期销售额和预测期销售额，那么预测期的外部筹资额与增量资产、增量负债的关系如下所述：

$$增量资产 = \Delta收入 \times 变动资产占销售额的百分比$$

$$= \Delta S \times A/S_1$$

$$= \Delta S/S_1 \times A \tag{2-7}$$

$$增量负债 = \Delta收入 \times 变动负债占销售额的百分比$$

$$= \Delta S \times B/S_1$$

$$= \Delta S/S_1 \times B \tag{2-8}$$

$$增量留存收益 = 预计收入 \times 预计销售净利率 \times 预计留存收益率$$

$$= S_2 \times P \times E \qquad (2\text{-}9)$$

$$外部筹资额 = \Delta S \times A / S_1 - \Delta S \times B / S_1 - S_2 \times P \times E \qquad (2\text{-}10)$$

销售比率法的主要预测步骤如下：

（1）分别确定随销售收入变动而变动的资产合计 A 和负债合计 B。

（2）用基期资料分别计算 A 和 B 占销售收入（S_1）的百分比，并以此为依据计算在预测期销售收入（S_2）水平下资产和负债的增加数。

（3）确定预测期收益留存数（$S_2 \times P \times E$）。

（4）确定对外界资金的需求量。

以某公司 2020 年与资金预测相关的数据资料为例，见表 2-1。

表 2-1　某公司 2020 年与资金预测相关的数据表

项目	金额/万元	占销售收入的百分比、基期
流动资产	4 000	100%，敏感
长期资产	0	无稳定关系，不敏感
应付账款	400	10%，敏感
其他负债	0	无稳定关系，不敏感
当年销售收入	4 000	
净利润	200	5%，敏感
分配股利	60	
留存收益	140	

如果该公司 2021 年预计销售收入达到 5 000 万元，销售净利率和收益留存比率维持 2020 年的水平，计算其需要补充的外部资金量：

$$增量资产 = （5\,000 - 4\,000）\times 100\% = 1\,000（万元）$$

$$增量负债 = （5\,000 - 4\,000）\times 10\% = 100（万元）$$

$$增量所有者权益 = 5\,000 \times 5\% \times 140 \div 200 = 175（万元）$$

$$需要补充外部资金 = 1\,000 - 100 - 175 = 725（万元）$$

假如上述留存收益比率为 100%，销售净利率提高到 6%，目标销售收入为 4 500 万元，则需要多少外部融资？

需要外部融资：4 000 × 10% − 4 500 × 6% × 100% = 130（万元）

如果其他条件不变，留存收益比率改为 50%，则需要多少外部融资？

需要外部融资：4 000 × 10% − 4 500 × 6% × 50% = 265（万元）

如果其他条件不变，销售净利率能够提高到 10%，留存收益比率仍为 50%，则需要多少外部融资？

需要外部融资：4 000 × 10% − 4 500 × 10% × 50% = 175（万元）

采用销售额比率法预测资金需求量，还可以与编制预计利润表、预计资产负债表结合起来，有助于企业进行统筹规划。

（二）资金习性预测法

1. 资金习性预测法的含义

资金习性预测法是指根据历史上资金占用额与业务量（如产量、销量等）之间的关系，把资金分为不变和变动两个部分，然后结合预计的业务量预测资金需要量的方法。所谓资金习性，是指资金的变动与业务量变动之间的依存关系。按照依存关系，资金可以分为不变资金、变动资金和半变动资金，如图 2-1 所示。

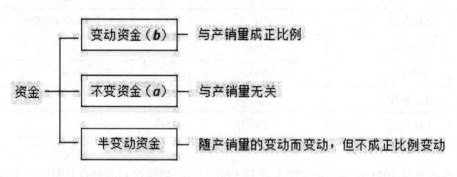

图 2-1　资金习性分类

不变资金是指在一定的业务量范围内，不受业务量变化的影响，保持固定不变的那部分资金，包括为维持营业而占用的最低数额的现金、原材料的保险储备、必要的成品储备，以及厂房、机器设备等固定资产占用的资金。

变动资金是指随业务量的变动而同比例变动的那部分资金，包括直接构成产品实体的原材料、外购件等占用的资金，以及最低储备以外的现金、存货、应收账款等。

半变动资金是指虽然受业务量变化的影响，但不成同比例变动的资金，如一些辅助材料所占用的资金。对于半变动资金，可采用高低点法或回归直线法予以分解。经过分解以后，最终资金总额分为不变资金和变动资金两个部分。

掌握筹资规模与资产占用之间的这种对应关系及资金习性，对合理选择、预测和规划筹资方式与资产来源，具有重要的现实意义。

2. 资金习性预测法的主要方式

（1）根据全部资金占用额与业务量的总体关系来预测资金需求量

设业务量为自变量 x，资金占用量为因变量 y，它们之间的关系可用下式表示：

$$y = a + bx \tag{2-11}$$

式中，y 表示全部资金总额，a 表示全部不变资金，b 表示全部单位变动资金，x 表示产销业务量。

上述计算过程中所涉及的 a 和 b 值均可采用高低点法或回归直线法求得。

高低点法就是根据企业一定期间资金占用的历史资料，选用最高收入期与最低收入期的资金占用量之差，与这两个收入期的销售额之差进行对比，先求 b 的值，然后代入原直线方程求出 a 的值，从而估计资金的发展趋势。

采用高低点法的预测步骤如下：

第一，计算 a 和 b。

$$b = \frac{最高收入期资金占用量 - 最低收入期资金占用量}{最高销售收入 - 最低销售收入} \tag{2-12}$$

$$a = 最高收入期资金占用量 - b \times 最高销售收入 \tag{2-13}$$

或 $\quad a = 最低收入期资金占用量 - b \times 最低销售收入 \tag{2-14}$

在运用高低点法预测资金需要量时，选择高点或低点的依据是业务量，即高点是指企业一定时期内的最高业务量，而低点是指最低业务量，最高业务量对应的成本是最高资金占用量，最低业务量对应的成本是最低资金占用量，因此与高点业务量对应的资金占用量并不一定是资金占用量的最大值，与低点业务量对应的资金占用量也不一定是资金占用量的最小值。

第二，建立总资金需求模型 $y = a + bx$。

第三，将预测期自变量代入 $y = a + bx$，即可求出预测期的总资金需求。

高低点法在企业资金变动趋势比较稳定的情况下较适宜。

（2）采用先分项后汇总的方法预测资金需求量

这种方式是根据各资金占用项目和资金来源项目与业务量之间的关系，把各项目的资金分为变动和不变两个部分，然后汇总在一起，求出变动资金总额和不变资金总额，进而预测资金需求量。其分项计算的公式为：

$$y = a + bx \qquad\qquad (2\text{-}15)$$

式中，y 表示某项资金总额，a 表示某项不变资金，b 表示某项单位变动资金，x 表示某产销业务量。

根据产销业务量，先估计出各项不变资金和单位变动资金，再选择下列两种方法之一预测全部资金总额：

方法一：将业务量代入 $y = a + bx$，分别预测出各项资金总额，再用资产项目的资金总额减负债项目的资金总额，得出全部资金总额预测数。

方法二：先计算全部不变资金 a 和全部单位变动资金 b，再将业务量代入 $y = a + bx$，预测出资金总额。

以某企业某年度预测出与销售收入变化有关的资产负债项目数据为例，见表 2-2。

表 2-2　资金与销售收入变化情况表　　　　　　　　单位：万元

预测项目	年度不变资金/a	每年销售收入所需变动资金/b
现金	1 000	0.05
应收账款	570	0.14
存货	1 500	0.25
固定资产净值	4 500	0
应付费用	300	0.10
应付账款	390	0.03

根据表 2-2 列出的资料，可以计算出总资金需求的模型如下：

$a = 1\,000 + 570 + 1\,500 + 4\,500 - 300 - 390 = 6\,880$（万元）

$b = 0.05 + 0.14 + 0.25 - 0.10 - 0.31 = 0.03$（万元）

总资金需求模型为：

$y = 6\,880 + 0.03x$（万元）

（三）销售收入资金率预测法

销售收入资金率预测法也称销售资金率法，它是用资金占用与销售收入两者之间的关系，来预测资金需用量的方法。

企业资金占用的规律表明，资金占用的多少通常与销售收入的变化有一定的比例关系。一般来说，商品销售额的增长，一方面，会导致企业货币资金、应收账款、库存商品等资金占用项目的相应增长；另一方面，会导致企业应交税金、应付账款等来源项目自动增加。销售资金率正是根据企业的全部资金占用和来源数额与商品销售额的比例关系，来预测未来的全部资金需用数量。销售收入资金率预测法的计算公式如下：

$$预测年度资金需用量 = 预测年度销售额 \times 基期销售资金率$$
$$\times（1 - 预测年度资金周转加速百分比） \tag{2-16}$$

$$基期销售资金率 = \frac{基期资金平均占用额 - 不合理占用额}{基期销售额} \tag{2-17}$$

（四）基期调整预测法

基期调整预测法是以基期资金合理的平均占用额为基础，通过调整有关因素后确定资金需用量的方法。用基期调整预测法测算正常情况下资金需用量的计算公式如下：

$$资金需用量 =（基期资金平均余额 - 不合理占用额）\times（1 \pm 预测期有关因素增减$$
$$率）\times（1 - 预测期资金周转加速率） \tag{2-18}$$

例：某公司上半年资金平均占用额为 900 000 元，其中积压等不合理占用额为 50 000 元，预测下期销售可增长 3%，这将对资金需求产生相应的影响，资金周转要求加速 2%，预测下期资金正常需用量如下：

$$资金需用量 =（900 000 - 50 000）\times（100\% + 3\%）\times（100\% - 2\%）=857 990（元）$$

销售收入资金率预测法、周转速度预测法和基期调整预测法既可以用于对全部资金需求量的测算，又可以用于对某一部分资金需求量的测算。

这三种预测方法虽然简洁、明了，但不够精确，一般适用于对资金需求量的粗略计算。需要注意的是，在采用以上公式时，应注意计算分析口径的一致性，应根据预测对象来确定采用什么因素的增减率。例如，用于全部资金预测时，应使用影响商品销售总额的因素来调整确定资金的需用量；用于预测与生产或销售增减不成比例的生产工具、修理用备件、劳保用品等项目的资金时，宜使用设备台数或工人人数增减率等进行调整计算。

三、可持续发展筹划

（一）可持续发展对资金规划的思考

财务上的可持续发展是指在企业的发展过程中寻找一条与资产增长、与资金来源相互协调的，既可以满足当前企业发展的需求，又不会对以后需求的能力构成危害的道路。可持续发展包括两个方面的意义：一方面是指企业只有不断地发展，才能更好地生存；另一方面是指发展必须是可持续性的，不应当超过一定的限度。

企业要以发展求生存，就得促使销售不断增长，但销售增长的企业需要补充资金。因为限制销售增长的是与此相关的资产，而限制资产增长的是与此相关的资金来源（包括所有者权益和负债），销售增长越快，需要的资金就会越多，所以筹集企业发展所需的资金并保持持续、稳定的增长，是对管理会计在新形势下提出的新要求。

企业的生存和发展是互相依存又互相矛盾的有机统一体，企业必须先学会生存，生存第一、发展第二，发展是为了更好地生存，生存也就是为了发展。在激烈竞争的市场经济中，企业不发展是难以生存的，只有发展，才能为自身创造生存的空间，但发展是一个渐进的过程，需要有资本的积累、客户的积累、技术的积累、经营经验的积累、管理能力的积累、企业文化的积累、市场影响的积累等。所以发展又必须是适度的，不能超越自身实际承受能力而盲目发展。适度的发展规律就是走全面、协调、可持续发展的道路，企业在规划资金来源与未来的发展前景时，必须认真考虑这些重大问题。

（二）实现资金增长的主要方式

归纳起来，企业实现资金增长的方式主要有以下三种：

1. 依靠内部资金增长作为来源

内部积累的资金主要来源于净利润，而净利润占收入的比重不会很高，不少净利润通过分配已经归属于投资者而离开了企业，所以从企业增长所需的资金来源来看，其财务资源可能是有限的，有时还会限制企业的快速发展。

2. 依靠外部资金增长作为来源

股东投入资本可以支撑企业的发展，但会分散控制权，会稀释每股盈利等；增加负债是企业主要的资金来源，但会导致资产负债率急剧上升，会使财务风险加大、筹资能力下降，并且当息税前资产利润率低于负债利息率时，还会降低资本净利润率。

3. 追求平衡增长

平衡增长就是要求在保持目前财务结构和与此相关的财务风险的前提下，按照所有者权益或股东权益的增长比率增加借款，以此支持销售的增长。由于这种增长率一般不会消耗企业的财务资源，因而是一种可持续增长率。

可持续增长率是指不增发新股并保持目前经营效率和财务政策条件下企业销售所能增长的最大比率。

在不改变企业目前经营效率（反映在资产周转率和销售净利率）和财务政策（反映在资产负债率和收益留成率）的情况下，即认为当前经营效率和财务政策是处于良好的、理想的目标状态下，那么限制资产增长的是所有者权益即股东权益的增长率。因此，可持续增长率也表现为所有者权益增长率或股东权益增长率。

（三）可持续增长率的假设条件

可持续增长率的假设条件，应当满足以下五个方面：

（1）企业目前的资本结构是一个目标结构，并且打算继续维持下去。

（2）企业目前的股利支付率是一个目标支付率，并且打算继续维持下去。

（3）在不愿意或者不打算发售新股的前提下，增加债务是其唯一的外部筹资来源。

（4）企业的销售净利率将维持在当前水平，并且可以涵盖负债的利息。

（5）企业的资产周转率将维持在当前的水平。

在上述假设条件成立时，销售的实际增长率与可持续增长率相等，即保持平衡增长。平衡增长情况下的资产、负债和股东权益的关系见表2-3。

表 2-3　资产、负债与股东权益关系表　　　　　　　　单位：万元

年初资产 1 000	年初负债 40
	年初股东权益 60
新增资产 100	新增负债 40
	新增股东权益 60

虽然企业各年的财务比率会有变化，但上述假设基本上符合大多数企业的情况。大多数企业不能随时增发新股，即使上市公司增发新股，也有严格的审批程序，并且至少要间隔一定的年限。改变经营效率（体现于资产周转率和销售净利率）和财务政策（体现于资产负债率和收益留存率），对于一个理智的企业来说，是一件非常重大的事情。当然，根本没有明确的经营和财务政策的企业除外。

实际上，一个理智的企业在增长率问题上并没有很大的回旋余地，尤其是从长期来看更是如此。一些企业由于发展过快陷入危机甚至破产，另一些企业由于经济增长太慢遇到困难甚至被其他企业收购，这说明不当的经济增长足以毁掉一个企业。可持续增长率应是当前经营效率和财务政策决定的内在增长能力，如果企业违背可持续增长率的要求快速发展、盲目扩张，那么最终会陷入困境，甚至导致财务危机。

考虑可持续增长的观念，并不是说企业的增长不可以高于或低于可持续增长率，问题的关键在于应当事先预计并加以解决超过可持续增长率所导致的财务问题。对于超过预计部分的资金，只有两个解决办法：一是提高资产收益率，二是改变财务政策。提高经营效率并非总是可行的，改变财务政策是有风险和极限的，因此超常增长只能是短期的，尽管企业的增长时快时慢，但从长期来看，总是受到可持续增长率的制约。

任何企业的增长都是有极限的，资金来源也是不可能无限增长的，为此一定要在资金筹划时留有余地，充分考虑可持续发展的内在要求。增长不等于可持续发展，成功的企业更要注意全面、协调、平衡地发展，才能保持可持续性。

第三章 预算与管理控制

第一节 预算编制方法

市场经济的发展和现代企业的自我转型与发展，使得预算管理模式成为企业经营管理中的一项重要管理工具与发展趋势。科学而完善的全面预算管理将企业的战略分解成小的、短期的、细化的发展目标，并将具体的责任落实到各个部门和每位员工的身上，通过全面预算管理，能够及时发现企业在经营管理中存在的问题，并予以纠正，为促进企业的良性发展保驾护航。

企业在自身发展过程中加强预算编制已经成为管理的重点环节，并且对企业的运营与发展有着积极的促进作用，更直接对企业的未来发展产生影响。企业在进行预算编制时会受到各种因素的影响，最终可能导致预算出现问题，严重制约着预算职能作用的发挥。因此，企业在进行预算编制时，必须结合自身的实际需求，制定切实可行、科学有效的措施，确保预算编制的正确性和科学性，使企业预算编制体系更加完善，从根本上为促进企业预算编制水平的全面提高提供保障。

一、预算编制的基本概念和重要性分析

（一）预算编制的基本概念

从整体上看，预算编制主要是指企业在一定时期内对整体运营与资金进行统一规划，使企业在有效控制运营成本的同时，尽快实现经营目标和战略发展规划，从而为企业创造出更多的经济效益。在预算编制的过程中，必须密切贴合企业的实际，制定出科

学而完善的应对措施，不仅能全面提升企业的资产使用效率，而且能对企业的资金做到合理分配。另外，企业在进行预算编制时，如果以财务报表作为编制的主要依据，能够使企业管理者在详细了解预算的情况下作出统一的管理和部署。只有做好预算编制工作，才能明确企业的资产使用情况，对企业在经营过程中潜在的风险进行准确评估，并预防风险的发生。

（二）预算编制的重要性

加强预算编制工作、有效开展预算编制工作，一方面，能够帮助企业在短时间内尽快实现战略发展目标；另一方面，能够从整体的层面实现对企业经济效益的提升，并促进企业的可持续发展。

1. 帮助企业在短时间内实现既定的战略发展目标

如果从宏观的角度来看预算编制工作，其能够在很大程度上对企业的发展起到积极的促进作用，并能为企业经营的稳定性提供保障。不断完善和强化预算编制工作，恰好满足了企业战略发展目标实现的具体要求。在进行预算编制时，企业制定的战略发展目标经过层层分解后会落到实处，使得企业各职能部门的工作人员整体权责意识不断增强、工作态度逐渐改善、行为更加规范，最终使工作效率和工作质量得到全面提升。

2. 全面提升企业经济效益

企业进行生产和经营，获得更多的经济利润是其主要目的。科学的预算编制能够使企业在收入不断增加的同时，加大对支出的管理控制力度，为稳步提升经济效益提供帮助。由此可见，企业要想提高经济效益，就必须对预算编制工作给予高度关注，并有效地开展这项工作，收支管理实效性的提升有助于企业的可持续发展。

（三）企业预算编制的具体内容

预算编制是全面预算管理中关键的环节，也是预算管理能否有效实施的关键性因素。企业进行预算编制的主要内容包括资本性支出预算编制、经营预算编制和财务预算编制等。

二、企业预算编制中存在的问题

（一）企业管理者对预算编制工作并不重视

目前，大部分企业都实施了全面预算管理，将预算编制工作作为财务管理的一项重点内容，但在进行预算编制时，有的企业缺乏对预算编制工作的重视，只是机械地采取一种方式进行预算编制，最终导致预算结果执行有待商榷，影响了全面预算管理作用的发挥。

例如，A 集团在预算编制中确定了相应的流程为自下而上、自上而下、上下结合、分级编制、逐级汇总。然而，在实际实施的过程中，预算编制流程流于形式。从该集团的预算编制程序上看，从开始预算编制到预算编制结束有 3 个多月的时间，但在每个环节，都是财务人员催着各职能部门的人员尽快编制、上报预算数据，而各职能部门的预算编制人员并没有根据规定的要求，也没有按照制定的预算编制方案，对市场进行准确而充分的预测、对各项业务指标进行详尽的测算，这也充分体现出预算编制人员并未高度关注预算管理工作，往往只是为了"完成预算编制工作"这项任务而开展工作。

再如，A 集团虽然在程序上制定了高层与基层之间在预算编制中的互动环节，然而在实际中各预算执行单位处于被动参与的局面，并没有与高层进行沟通与协调。大部分员工对预算编制没有深入的了解，甚至还存在较大的认识误区，单纯地认为预算目标建议值就是企业对各部门、对员工下达的任务，只能被动地接受；有的员工认为预算编制工作只与各部门的主要负责人有关，自己只要按照领导布置的任务开展工作就能够完成预算；有的部门在进行预算编制时，只是根据上一年度的完成情况，简单地增加或减少，并没有对市场和企业未来的发展进行科学、合理的预测，并未真正地将集团的战略发展目标落实到日常经营中，更未充分地思考如何实现企业内部资源的优化与配置。

（二）缺乏科学而明确的预算编制目标

大部分企业在进行预算编制时并没有制定出统一的、明确的预算编制目标。例如，A 集团在经营过程中认识到进行全面预算管理的重要性，比较关注预算编制工作，为了确保预算编制工作能够合理实施，制定了相应的预算编制目标。然而遗憾的是，该集团制定的这些预算编制目标并未与企业的长远发展规划相结合，只是简单地为了完成工作任务而制定的。在建立预算编制标准时，该集团对于基层预算编制中存在的问题经常会做出妥协，并未及时处理在预算编制过程中出现的问题，有时甚至对这些问题视而不见，最终导致预算编制无法真正发挥作用，长此以往，对企业的战略发展极为不利。由此可见，企业在工作中必须制定统一的预算编制目标，且严格按照目标的要求进行预算编制，才能真正达到全面预算管理的要求。

（三）缺乏科学而合理的预算编制方法

大部分企业在进行预算编制时缺乏科学而有效的方法。例如，A集团在进行经营预算编制时与大多数企业一样，总是以企业以往的活动、历年的指标作为基础，采用最简单的增量预算法进行预算编制，如对于营业收入的预算，只是根据公司下达的目标与上一年度的实际发生数进行增减，这就导致预算在实际执行中出现了较大差异。以A集团2019年业务收入预算与实际发生数对比统计表为例，见表3-1。

表3-1   A集团2019年业务收入预算与实际发生数对比统计表

职能部门	预算数/亿元	实际完成数/亿元	完成率/%
营销业务部	147	228.12	155.18
1分公司	450	452.37	100.53
2分公司	103	109.79	106.59
3分公司	100	35.23	35.23
合计	800	825.51	103.19

通过表3-1的统计数据不难看出，A集团2019年业务收入预算与实际完成数在整体上相差3.19%，然而营销业务部的实际完成数比预算数超出了55.18%，3分公司的实际完成数比预算数少了64.77亿元，完成数仅占预算数的35.23%。由此可以得出这样的结论：业务收入从整体上来看，预算数与实际完成数的差距较大，这是由于预算编制方法的不合理，，导致预算明显不符合实际。

另外，A集团各职能部门在费用预算编制时缺乏明确的标准。例如，在一些费用预算的编制上，编制人员主要是根据上一年这项费用的发生金额来进行增减变动，并没有对该项费用的实际影响因素进行全面考量，最终导致集团与各职能部门之间在预算编制中出现了博弈，各个部门都利用信息不对称来提高预算标准，达到争夺资源、寻求过多回报、避免不确定风险发生的目的，这样的预算编制使各部门缺乏减少成本费用预算的动力，导致资源浪费现象严重、分配不合理。

三、完善企业整体预算编制方法的有效措施

（一）树立科学而正确的预算编制理念

要想在企业发展的所有环节中将预算编制的理念贯穿其中，企业就必须对现有的预算编制理念进行创新，结合企业的实际，树立正确的、科学的预算编制理念。企业的管理层应高度关注预算编制工作，让企业内部所有工作人员能够深刻地认识到预算编制对企业经营发展、战略目标实现的重要意义，从而为预算编制工作的顺利推行奠定稳定的基础。另外，企业在进行预算编制时，必须与企业的战略部署、战略发展目标密切结合，唯有如此，才能真正使企业的预算与战略发展相吻合，才能在最短的时间内完成预算编制工作，为实现企业的发展目标奠定坚实的基础。

（二）明确具体的、科学的预算编制目标

为了能够进一步顺利推进预算编制工作，企业必须结合发展的实际，制定出科学的、明确的预算编制目标，实现预算管理与企业管理工作的密切结合。在对预算编制进行调整时，预算编制人员必须充分了解企业的运营状况，从而进行合理调整，最终达到满足企业经营管理的需要。对于企业的预算管理工作，要求企业的管理者和相关工作人员必须予以高度重视，在积极的引导下，采用正确的方法在企业内部进行统一管理。同时，企业的管理者和相关工作人员还必须以预算编制标准为主要依据，加大对预算编制的管理力度，以此实现企业预算管理的科学性、完善性。例如，A集团目前正处于初创期，此时保证销售收入的可持续增长是首要考虑的问题。2019年，该集团的总体工作思路是：全面提升产品质量，并以此为主线，加大对市场和区域布局的开发力度，在此基础上提升集团保质降本的能力。另外，在预算编制目标确定时，企业必须充分发挥企业战略对预算管理的导向性作用，不仅要关注预算目标的控制作用，而且应将预算编制与企业的战略发展结合在一起，以充分发挥预算目标的积极导向性作用。

企业在进行预算编制时，企业的战略目标与年度经营计划应充分发挥导向性作用的原则、实现资源优化配置的原则、实现承前启后的原则、实现可行性原则。

（三）优化预算编制方法

企业实施全面预算管理模式的目的是强化预算管理的效果，因此必须结合实际全方位地调研市场环境的变化，并做好调研分析工作，根据调研分析的结果最终确定切实可行、科学有效的预算管理对策，以此确保预算编制的规范性与科学性。借鉴其他企业在预算编制中的管理经验，企业可以采用零基预算方法进行预算编制。目前，我国大部分企业已经将零基预算作为主要的预算编制方式，这样的预算编制方式不会受到历史数据的约束和影响，可以使预算编制更加合理、更加科学。

零基预算方式在财务支出方面，企业能够对企业的实际经营状况进行准确评估，保证了企业财务行为的规范性，实现了企业资金的合理分配。例如，A 集团的各职能部门和子公司均使用增量预算法进行预算编制，主要是根据上一年度的各项预算实际发生额进行适当的增减来作为本年度的预算，这种预算编制方法存在诸多漏洞。因此，该集团应结合自身的业务特征，在进行预算时充分考虑市场的变化、以往业务的淘汰、新业务的开发等多重因素的影响，与客户和供应商及时进行充分的沟通，以确定未来业务发展的方向，认真研究国家相关政策，并将各种影响因素分解到具体的业务中，由各项业务的负责人采用零基预算法进行预算编制。

在进行物资采购预算编制时，企业应充分考虑年度物资采购的需求计划，并根据近三年物资的储备限额、消耗规律、项目投资额度、年度生产计划等，在合理预测的前提下，通过增量预算法，实现预算的编制。A 集团结合自身的业务特征，将年度预算分解到季度，在每月开始之前再进行月度的预算，这样既可以做到合理预算，又能够及时进行调整，不至于产生过大的工作量。在进行预算编制时，A 集团结合各职能部门的特点，将部门产生的期间费用分别采用固定预算法、增量预算法与零基预算法相结合的方式，进行预算编制。

综上所述，预算编制是企业进行预算管理的主要内容，不仅对企业的管理质量产生直接的影响，而且对促进企业的稳定发展与良好运行起到保障性作用。因此，企业在进行预算编制时，必须站在整体的、全面发展的高度，结合企业的发展实际，制定出科学的预算编制目标、预算编制方案，对预算编制方式进行合理创新，使预算编制在企业的经营过程中有效发挥作用，为确保企业战略目标的实现营造良好的环境。

四、预算编制方法具体分析——以公立医院为例

对于深化医疗改革，公立医院既要完成公益性任务，又要面临激烈的市场竞争，处于这样的新常态中，运用科学的管理工具为医院的发展保驾护航便显得至关重要，这对公立医院管理人员而言，既是不小的挑战，又是宝贵的机遇。《国务院关于印发"十三五"深化医药卫生体制改革规划的通知》（国发〔2016〕78号）、《国务院办公厅关于印发深化医药卫生体制改革2018年下半年重点工作任务的通知》（国办发〔2018〕83号）均提出"需要建立科学有效的现代医院管理制度"，并明确提出"建立健全公立医院全面预算管理制度"。预算编制是预算管理的关键环节，预算编制方法的运用，将直接影响到预算管理的科学性、可靠性，我国先后出台了《管理会计应用指引第200号——预算管理》《管理会计应用指引第202号——零基预算》《管理会计应用指引第203号——弹性预算》，为预算编制方法的使用提供了新的视角。现结合公立医院的业务特点，对其预算编制方法的选择进行探讨。

（一）公立医院预算编制方法概况

1. 选择恰当预算编制方法的重要意义

《财政部关于印发〈管理会计基本指引〉的通知》（财会〔2016〕10号）明确提出，该指引制定的目的就是"为促进单位（包括企业和行政事业单位）加强管理会计工作，提升内部管理水平，促进经济转型升级"。利用好预算管理领域的管理会计工具方法完成公立医院预算编制工作，实现预算编制的精细化、科学化，是实现预算管理的重要基础，也是提升公立医院管理会计水平的重要途径。

公立医院预算编制是预算管理的基石，其编制方法直接影响到预算的执行率和预算目标的实现。随着社会需求的变化，公立医院的规模、业务、结算方式等都在发生适应性变化，运用不恰当的预算编制方法进行预算编制，将无法反映出预算编制结果与实际业务需求关系，将对后续的预算分析、预算考核产生重要影响，进而影响预算管理对公立医院经营活动的调整作用，影响推动战略目标的实现。

运用恰当的预算编制方法开展的预算编制工作，得到的将是较科学的对未来的预测数据，这不仅会提高预算执行过程中的可行性，而且会使预算编制责任科室关注财务核算数据对预算执行情况是否进行了适当的反映，这将迫使财务人员对会计核算方法的延

续性、合理性、科学性进行思考，达到对后续的会计核算特别是全成本核算，起到引导和规范的作用。

2.公立医院预算编制方法使用现状分析

从目前的情况来看，一些公立医院选择的预算编制方法较单一，大多数使用的是增量预算编制方法。这体现了增量预算编制方法的普及性，但每种方法都有其适用的环境，只有在满足相应的预算业务条件时，该方法才是有效的。反之，如果对不适用该方法的业务进行预算时使用该方法，其得出的数据将可能与实际情况大相径庭，在此基础上进行的预算管理不但不能起到有效规范管理的作用，甚至可能导致预算管理工作与公立医院的管理目标相冲突。因此，需要预算编制人员结合具体的业务，来选择适用的预算编制方法，而不能一概而论。

此外，还存在一些公立医院对增量预算编制方法使用不当的情况。在实际运用该方法的时候，一些公立医院根据上年实际数据预计收支规模，而未考虑原有预算项目金额是否合理，也未将预算与年度工作计划相衔接，这表面上看是增量预算编制方法存在的问题，但《管理会计应用指引第 202 号——零基预算》中明确提出，增量预算"是指以历史期实际经济活动及其预算为基础，结合预算期经济活动及相关影响因素的变动情况，通过调整历史期经济活动项目及金额形成预算的预算编制方法"。可以看出，企业使用该方法并不是假设前期发生的业务都是合理的，而是需要对历史数据进行分析，保留其中的合理部分，剔除不合理部分，还需要结合预算年度的实际情况，考虑相关影响因素，在此基础上进行预算。因此，在适用增量预算编制方法的环境下，使用该方法得出的数据是恰当合理的。

（二）公立医院业务预算编制方法比较

结合《管理会计应用指引第 202 号——零基预算》与《管理会计应用指引第 203 号——弹性预算》等相关资料，常见的预算编制方法比较见表 3-2。

表 3-2　常见预算编制方法比较表

名称	优点	缺点	适用环境
零基预算	一是不受历史期经济活动中的不合理因素影响；二是有助于增加预算编制的透明度	一是预算编制工作量较大、成本较高；二是预算编制的准确性受管理水平和相关数据标准的准确性的影响较大	不经常发生的预算项目或者预算编制基础变化较大的预算项目
增量预算	工作量相对较少，计算简便	受原有费用项目限制干扰，成本费用难以控制	原有开支合理，现有业务活动是必须开展的，未来预期内费用变动是在现有基础上调整的
固定预算	方法简单，编制轻松	不适应市场变化较大或较快	固定费用或者数额、业务较为稳定的项目
弹性预算	考虑了预算期的不同业务量水平，更贴近经营管理实际情况	一是编制工作量大；二是市场及其变动趋势预测的准确性、预算项目与业务量之间依存关系的判断水平等会对弹性预算的合理性造成较大影响	与业务量之间存在明显的数量依存关系的预算项目

从表 3-2 中可以看出，一方面，不同的预算编制方法各有优点和缺点，其好坏不能一概而论，公立医院在实践中要结合具体的管理水平进行选择，尽量发挥所选编制方法的优点，减少不足支出的影响；另一方面，不同的预算编制方法有其对应的适用环境，并不存在某一种万能的方法可以适用于所有情况。在实际工作中，公立医院需要根据不同业务的特点，选择恰当的方法来编制预算。

（三）公立医院业务预算编制方法选择建议

按照《关于印发医院执行〈政府会计制度——行政事业单位会计科目和报表〉的补

充规定和衔接规定的通知》（财会〔2018〕24号）对公立医院会计科目设置的建议，对医院的业务收支进行分类，并分析如下：

1. 财政补助、科教补助部分

财政拨款收支是医院对从同级财政取得的各项财政补助进行收支处理，包括财政基本拨款收支和财政项目拨款收支；科教项目收支是医院对因开展科研教学活动而从非同级政府财政部门取得的经费拨款进行收支处理。由于每年的财政口径的部门预算与医院的全面预算基本上是同时开展的，所以对于财政拨付人员经费收支部分，以财政口径的部门预算数据为基础进行预算即可，即零基预算。以上两部分补助中的项目拨款收支影响因素主要包括：一是"干不干"，即医院计划开展、申报相关项目的影响；二是"补不补"，即财政相关政策、有关主管部门批复的影响。以上因素可能导致历史数据参考价值不大，需采用零基预算。另外，以上两部分补助的收支情况与医院的业务量无明显的依存关系，适用于固定预算。

2. 自筹部分

（1）医疗收入、药品支出、卫生材料支出

各临床科室在编制医疗收入、药品支出、卫生材料支出年度预算时，对于开展较为成熟的医疗业务，业务的服务量和收费标准可根据历史数据，分类、合理确定增长率来进行预算，即适用增量预算、固定预算，但在预算时必须考虑相关的影响因素。以医疗收入为例进行说明：一是受国家政策实施的影响，如要求取消药品加成将会通过减少药品收入进而影响医疗收入；二是受医保支付方式变化的影响，如某些医疗业务由按项目付费方式转变为病种付费方式，将通过影响每人次收费水平进而影响医院的医疗收入；三是医院战略调整的影响，如医院扩大规模、提高效率，通过增加服务量进而影响医疗收入。因此，在确定增长率时，需要科室负责人了解相关情况，对增长率的准确性负责。

对于计划开展或开展时间不长的新业务，由于医院的历史数据很少甚至没有，加上处于业务开展初期，存在的不确定影响因素较多，公立医院业务的服务量和收费标准的预算难度较大。在这种情况下，建议公立医院采用零基预算、弹性预算方法，通过搜集当地患者的需求，考虑同行业竞争等因素，结合医院的实际医疗服务水平等，合理确定开展新业务的服务量范围、收费标准范围，并在此基础上进行预算。

（2）人员经费、固定资产折旧费、无形资产摊销费

各责任科室在编制人员经费、固定资产折旧费、无形资产摊销费时，对于现有部分，

即医院现有人员、固定资产、无形资产的费用确定标准如下：一是现有人员基本上都是定岗的，其人员经费可参照历史增资幅度进行预算；二是现存固定资产、无形资产的折旧（摊销）年限、折旧（摊销）方法是确定的，在此基础上对现存部分下一年度的折旧（摊销）额进行按部就班的计算即可，因此适用增量预算、固定预算，但预算时需要考虑相关的因素。以人员经费为例，一是国家政策实施的影响，如落实"允许医疗卫生机构突破现行事业单位工资调控水平，允许医疗服务收入扣除成本并按规定提取各项基金后主要用于人员奖励"的要求对人员经费的增长率的影响；二是现有人员的流动性产生的影响，如离职、退休等将会导致现有人员的减少，该部分将通过影响现有人员的规模进而影响人员费用。因此，在预算相关费用时，需要根据实际情况和医院的运行需求，对现有部分进行合理调整，这样的预算才是可行的。

对于新增部分，由于人员招聘、设备购置是按业务开展的需求进行的，每年的需求是不一样的，建议采用零基预算、固定预算方法。其中，对于人员经费，需要结合计划新进人员的人数、人员构成、对应需求岗位的工资水平来确定；对于固定资产折旧费、无形资产摊销费，需要结合计划新购入资产的性质，确定折旧年限和折旧方法来核定折旧（摊销）额。

（3）其他收支

与日常运营有关的业务，收入类如停车费收入、病历复印费收入，支出类如办公费、水电气费、零星维修（护）费、计算机耗材、差旅费、培训费，在医院没有改变现有规模的情况下，以上收支均与医院维持日常业务正常开展有关，并且与业务量关系不大，可以根据历史数据合理确定增长率进行核算，因此适用增量预算、固定预算。但在预算时，需要考虑相关的因素：一是医院政策的变化，如召开预计预算年度会期间响应上级要求，免费对外开放停车位，这将影响停车费收入；二是医院出台实施节能降耗或者有效节流措施，如已经出台公务接待相关的管理办法，提出了通过严格控制标准来降低公务接待费用等措施，这将影响对公务接待费用的预算。

对于历史数据无参考作用或者新增的项目，收入类如利息收入、租金收入、捐赠收入，支出类如大型维修（护）费、会议费、因公出国（境）经费，以上收支要么是不经常发生的，要么是基础变化较大的项目，其历史数据对预算编制参考意义不大，且发生额与业务量无明显关系，建议使用零基预算、固定预算。医院根据相关的投融资政策、派送优秀人员出国研修学习的计划、临床反馈需要进行大型设备维修（护）需求等相关资料，进行预算。

抓住深化医药卫生体制改革的机遇，合理利用财政部推出的预算管理工具，提高公立医院预算编制的质量，这对预算编制人员而言是一种挑战，也是提高自身业财融合能力的机会。每种预算编制方法都有其适用的环境，其优缺点也是相对而言，不能一概而论，公立医院需要结合具体的业务特点进行选择使用，在使用的过程中，更需要关注相关的影响因素，以便进行科学、合理的调整。

第二节 专门决策预算的编制

一、资本支出预算的编制

资本支出预算是为购置固定资产、无形资产等长期决策活动而编制的预算。资本支出预算应由生产部门提出，经审核批准后，作为编制预算的依据。由于长期投资决策的时间跨度大，资本支出预算的编制仅仅列示本预算年度内购置固定资产、无形资产等项现金支出，对于长期投资决策在其他年份的现金流入量和流出量在其他年度的预算中进行反映。

例如，假定某公司根据长期投资决策的结果，预算年度的资本性支出为 105 000 元。其中，第二季度购置一台设备预计支出 100 000 元，第四季度购买专利预计支出 5 000 元，其资本支出预算表见表 3-3。

表 3-3　资本支出预算表　　　　　　　　　　　　　　　单位：元

摘要	第一季度	第二季度	第三季度	第四季度	合计
购置设备一台		100 000			100 000
购买专利预计现金支出				5 000	5 000
		100 000		5 000	105 000

二、一次性专门业务预算的编制

企业为保证经营业务、资本性支出对资金的需求，应经常保持一定的现金数量，以支付各项费用和偿还到期债务。但如果企业现金持有数大大超过正常支付需要的金额，就会造成资金的闲置；如果企业现金持有数大大低于正常支付需要的金额，就会影响企业正常的经营活动；如果不能偿还到期债务，还可能导致企业破产。因此，财务部门在资金筹措、归还贷款、发放股利和缴纳税金等问题上都要进行专门决策。

例如，天宇公司财务部门根据资本支出预算的编制，第一季度偿还短期借款 41 700元，第二季度从银行借入款项 50 000 元，预计在第三季度偿还全部借款 50 000 元和利息 2 500 元。另外，预计预算期间每季度末预付所得税 15 000 元，全年 60 000 元。根据上述资料，天宇公司编制的一次性专门业务预算表见表 3-4。

表 3-4　天宇公司一次性专门业务预算表　　　　　　单位:元

摘要	第一季度	第二季度	第三季度	第四季度	合计
借入资金		50 000			50 000
归还借款	41 700		50 000		91 700
支付利息			2 500		2 500
预付所得税	15 000	15 000	15 000	15 000	60 000
预计现金收入		50 000			50 000
预计现金支出	56 700	15 000	67 500	15 000	154 200

第三节 财务预算的编制

一、财务预算在全面预算管理中的地位

全面预算管理作为对现代企业成熟与发展起过重大推动作用的管理系统，是企业内部管理预算的一种主要方法。从最初的计划、协调，发展到现在的兼具控制、激励、评价等诸多功能的综合贯彻企业经营战略的管理工具，全面预算管理在企业内部控制中日益发挥核心作用。

全面预算管理是企业对预算期内的经营活动、投资活动、筹资活动和财务活动的总体安排，包括经营预算、长期投资预算、筹资预算与财务预算四大类内容。财务预算虽然是全面预算管理体系中的最后环节，但却起着统御全面预算管理体系全局的作用，是全面预算管理体系的核心。

因此，财务预算也称为总预算，作为全面预算管理体系中的最后环节的预算，它可以从价值方面总括地反映经营期特种决策预算与业务预算的结果，使预算执行一目了然。其余预算均是账务预算的辅助预算或分预算。通过财务预算，企业可以全面、综合地协调、规划企业内部各部门、各层次的经济关系与职能，使之统一服从于企业未来经营总体目标的要求。同时，财务预算又能使企业决策目标具体化、系统化和定量化，能够明确规定企业有关生产经营人员各自职责及相应的奋斗目标，做到人人心中有数。

（一）财务预算是对经营预算的汇总

尽管从表面上看，财务预算主要是对经营预算的汇总，但这种汇总绝不是简单的数字累加，而是按照企业经营目标对经营预算进行的审核、分析、修订和综合平衡。也就是说，将经营预算汇总为财务预算的过程，也是对经营预算进行审核、修订和完善的过程，财务预算与经营预算是统御与被统御的关系。

（二）财务预算的内容反映了企业预算期的财务目标

经营预算是为了实现企业预算期的财务目标而开展的具体的生产经营活动，而实现

利润最大化是企业的财务目标。从本质上讲，企业实行全面预算管理的重要目的就是实现企业利润最大化这一财务目标。利润预算中的利润总额、净利润等项指标是企业财务目标的数量反映，也是企业投资者、经营管理者、债权人、企业员工等利益相关者都十分关注的事项。可以这么说，假设企业仅仅编制财务预算就能达到企业利润最大化的目标，那么企业就没有必要再编制经营预算（当然这种假设是不存在的）。因此，在全面预算管理体系中，财务预算起着导向和目标作用，经营预算则是为了实现利润预算而采取的具体方法、措施和途径。

（三）长期投资预算从属于财务预算，并受财务预算的制约

长期投资预算是规划企业长期投资活动的预算，而企业进行长期投资活动的目的正是实现企业中长期的利润最大化。同时，长期投资预算还要受资产负债预算及现金预算的制约，如果资产负债预算和现金预算所反映的企业财务状况不佳，例如资产负债率过高、现金流量短缺，企业是没有能力进行长期投资活动的。因此，长期投资预算是服从和从属于财务预算的。

（四）筹资预算是经营预算、长期投资预算的补充，并受制于财务预算

大家都知道"资金是企业运行的血液，企业进行生产经营活动和长期投资活动离不开资金"这个道理。同时，这段话也告诉我们：企业运行，需要资金；企业如果不运行，则不需要资金。因此，从本质上看，筹资预算是经营预算和长期投资预算的有机组成部分，没有经营预算和长期投资预算，也就没有筹资预算。因为经营预算和长期投资预算从属于财务预算，毫无疑问，作为上述预算组成部分的筹资预算自然而然地从属于财务预算，并受财务预算的制约。

二、财务预算编制

财务预算的编制要以财务预测的结果为根据，因此受到财务预测质量的制约；财务预算还必须服从决策目标的要求，是对决策目标的具体化、系统化和定量化；财务预算是财务控制的依据和标准。

财务预算编制是将预算按照预算执行组织结构，逐层分解为各责任单位及责任人的

责任目标，并通过编制责任预算加以具体化的过程。预算编制质量好坏直接影响预算管理的执行结果，也影响对预算管理执行者的业绩考评。

在进行财务预算编制之前，企业必须根据自身的特点选择适当的预算管理模式，只有这样，才能更好地发挥预算管理的作用，从而提高企业的管理水平。

（一）以销售为核心的预算管理模式

以销售为核心的预算管理基本上是按"以销定产"体系编制的，预算起点是以销售预算为基础的销售预算；再根据销售预算考虑期初、期末存货的变动安排生产；最后是保证生产顺利进行的各项资源的供应和配置。在考核时，以销售收入作为主导指标考核。

以销售为核心的预算管理模式主要由如下几项内容组成：销售预算、生产预算、供应预算、成本费用预算、利润预算和现金流量预算。此外，还包括相应的财务预算（狭义）和资本支出等各项具体内容。

以销售为核心的预算管理模式主要适用于以下企业：

1. 以快速成长为目标的企业

如果企业的目标不是追求一时一刻利润的多或少，而是追求市场占有率的提高，则可以采取以销售为核心的预算管理模式。

2. 处于市场增长期的企业

处于市场增长期的企业，其产品逐渐被市场所接受，市场占有份额直线上升，产品生产技术较为成熟，此时企业的主要工作就是不断开拓新的市场，以提高自己的市场占有率，增加销售收入。在这种情况下，采用以销售为核心的预算管理模式，能够较好地适应企业管理和市场营销战略的需要，促进企业效益的全面提高。

3. 季节性经营的企业

以销售为核心的预算管理模式，还适用于产品生产季节性较强或市场需求波动较大的企业。从特定的会计年度来看，这种企业所面临的市场不确定性较大，其生产经营活动必须根据市场变化进行灵活调整，所以企业按特定销售活动所涉及的事情和范围来进行预算管理，就能既适应这种管理上的灵活性需求，又有利于整个企业的协调运作。

以销售为核心的预算模式符合市场需求，能够实现以销定产，并有利于减少资金沉淀，提高资金使用效率，有利于不断提高市场占有率，使企业快速成长。但这种模式可能会造成产品过度开发，忽略成本降低并出现过度赊销的现象，不利于企业提高利润，从而不利于企业的长远发展。

（二）以利润为核心的预算管理模式

以利润为核心的预算管理模式的特点是以企业"利润最大化"作为预算编制的核心，预算编制的起点和考核的主导指标都是利润。以利润为核心的预算管理模式主要适用于以利润最大化为目标的企业和大型企业集团的利润中心。这种管理模式的优点如下：

1. 有助于企业管理方式由直接管理转为间接管理

预算利润通过预算编制得到落实，预算的约束作用与企业的激励机制相互配合，进一步激发了预算执行者的工作主动性。

2. 明确工作目标，激发员工的工作积极性

企业的预算利润一旦确定之后，就会层层落实，这样每个员工都能明白自己在预算期内的工作任务及其与薪酬的关系，从而努力完成预算期内各自的工作任务，最终确保整个企业预算利润的实现。

3. 有利于增强企业的综合盈利能力

在以利润为核心的预算管理模式中，利润是财务预算编制的起点，这就使利润不仅是预算管理的结果，而且是预算管理的前提，使利润不再是追求销售和成本的结果，而是为了追求利润目标、确定销售和成本必须保持怎样的水平，表现为一种主动性。通过把握这种主动性，企业着力于扩大产品销售和内部潜力挖掘，从而提高企业的竞争能力，增强企业的综合盈利能力。

以利润为核心的预算管理模式可能引发短期行为，使企业只顾预算年度利润，而忽略企业长远发展；可能引发冒险行为，使企业只顾追求高额利润，而增加企业的财务和经营风险；可能引发虚假行为，使企业通过一系列手段虚降成本、虚增利润。

（三）以成本为核心的预算管理模式

以成本为核心的预算管理模式就是以成本为核心，预算编制以成本预算为起点，预算控制以成本控制为主轴，预算考评以成本为主要考评指标的预算管理模式。它在明确企业实际情况的前提下，通过市场调查，结合企业潜力和预期利润进行比较，进而倒推出企业的目标成本，加以适当的量化和分类整理，形成一套系统完善的预算指标，并将之分解、落实到各级责任单位和个人，直至规划出能够完成每个目标的大致过程，同时

明确相应的以成本指标完成的情况为考评依据的奖惩制度，使相关责任单位和个人的责、权、利紧密结合。在生产经营的过程中，企业应进行成本流程跟踪，按预算指标进行全过程的控制管理。

以成本为核心预算管理模式的关键是设定合理的目标成本，对其进行分解，在执行过程中加强控制，从而实现目标成本。目标成本主要包括理想的目标成本、正常的目标成本和现实的目标成本。由于理想的目标成本较难实现，因而在实际工作中很少使用。正常的目标成本主要在经济稳定的情况下应用，而现实的目标成本最适于经济形势变化多端的情况。

三、事业单位财务预算编制

随着经济全球化进程的不断加快，我国事业单位为获取更大的发展空间，在实践的过程中逐渐完成了转型，尤其是在管理模式方面，更是发生了极大的转变。现如今的市场竞争是综合实力的竞争，只有对事业单位内部的管理工作不断进行改革和创新，才能在激烈的市场竞争中不断提高竞争力。

由于近些年来的发展进步，事业单位中财务管理工作的质量与水平已经得到了很大程度的提高，但竞争压力也会越来越大，只有不断探索优化财务管理的策略，才能够将预算编制工作水平提到适合事业单位发展的高度，在保证事业单位可持续发展的基础上，促进国家的进一步发展。

（一）事业单位财务预算编制管理中存在的问题

1. 未能明确认识到预算管理的重要性

从目前情况来看，许多事业单位未能真正意识到财务预算编制管理对事业单位发展的重要作用。这一问题严重减弱了各部门间交流沟通的效果，从而在很大程度上使信息的实时性与有效性降低，进一步加大财务预算编制管理工作的难度。同时，也正是由于事业单位未能充分重视预算编制工作，导致大多数相关工作人员并不具备达标的专业水平，在工作的过程中因为不了解相关制度及规范，致使财务预算编制工作的质量与效率低下，预算编制管理形同虚设。

2.管理监督机制存在漏洞

事业单位必须在政府审核通过之后，才能够真正展开预算管理工作，且这项工作还有一个特征，就是申请之后必须按照相关标准严格执行，杜绝随意更改预算编制的行为发生。但结合大多数事业单位预算工作实际执行的现象来看，管理工作流于形式的问题比较严重，导致相关人员没有受到约束，甚至可以直接修改预算指标，这种情况会对事业单位财务预算编制管理产生极其恶劣的影响。在缺乏健全管理机制的情况下，事业单位通常不会有合理的考核与监督机制，如此一来，就会造成事业单位内部激励制度的缺失，无法有效提升员工的预算执行力。

3.编制过程敷衍且方法落后

对于财务预算编制管理来说，编制人员拥有严谨和认真的工作态度是保证编制质量的前提。但一部分事业单位为将财务预算编制时长缩短，在调查研究直至取证的过程中，编制人员的态度及行为十分敷衍，没有进行科学、合理的分析，从而导致制定的预算管理制度所起的作用大打折扣。除此之外，部分事业单位不重视先进财务预算编制方法的引进，这也是导致其财务预算编制工作质量无法提升的关键因素。

（二）提升事业单位财务预算编制管理质量的有效措施

1.提高对财务预算编制的重视程度

作为事业单位财务管理工作最重要的构成部分之一，优质的财务预算编制不仅能够保证事业单位的健康发展，也会在很大程度上约束其他财务活动的展开。基于此，事业单位必须在充分认识财务预算编制管理重要性的基础上，在符合国家政策要求的同时，结合本单位的实际情况，严格进行预算编制与审批，并采取有效措施进行监督管理，争取在最大程度上保证预算管理机制的科学性与合理性，进而达成将事业单位财政资金合理分配的最终目标。

2.创建科学、健全的监督管理机制

事业单位若想有效提高财务预算管理工作的质量，绝对不能忽略的就是以相关政策与法律为根据，对监督管理机制进行有效创建并不断完善。同时，为使预算管理的实际效果能够得到真正提升，事业单位必须重视相关规章制度的制定，并在实际工作过程中有效落实，监督相关人员严格执行。对于会计人员来讲，在依法享有权利的同时，绝对不能推卸责任，要尽可能地保证预算、核算工作的精确性与严谨性。除此之外，事业单位也可以通过提高对经济管理的重视，来使预算编制管理质量达标。

3.加大控制中期绩效的力度

为有效提高财务预算编制的执行力，事业单位要在一定程度上加大控制财务预算中期绩效的力度。与此同时，财务部门预算、预算执行效率及资金投入也要得到有效控制。实践证明，对整个财务预算编制过程进行有效控制与管理，能够较大幅度地提高预算的准确性并减少财务风险。事业单位在管理绩效预算的过程中，还可以根据此项工作的实际开展情况，收集有效信息并加以整理，为信息库的建立打下坚实的基础。

此外，事业单位相关人员应该深刻认识到财务预算编制执行的最终结果会受到预算绩效信息的影响，若是能够保证其真实性，就能够在很大程度上保证执行结果的达标。基于此，事业单位相关人员要及时了解绩效预算管理的实际执行进度，并进行合理的收集整理，以便为促进事业单位发展提供科学、有效的信息支撑。

总而言之，作为事业单位预算管理的重要组成部分之一，财务预算编制管理的有效优化，能够在很大程度上保证事业单位的顺利运行。但从现阶段情况来看，我国很多事业单位的财务预算编制管理工作还存在许多问题，导致这项工作在事业单位实际发展中难以充分发挥其作用，在一定程度上对事业单位的健康发展造成了阻碍。因此，事业单位必须在明确了解财务预算编制中存在的问题的基础上，积极采取有效措施及时解决相关问题，促进事业单位的发展。

四、制造业企业财务预算编制的问题及对策

制造业在中国经济发展中一直占有举足轻重的地位，信息技术和科技力量的迅速发展推动着传统制造业进入淘汰阶段，制造业企业的竞争压力越来越大。大部分的制造业企业都以提高自身产品的质量、设备的先进性作为进步的主要目标，忽视了作为一个企业不仅仅要着眼于生产，而且要重视企业的内部管理。在"互联网+大数据"的时代背景下，企业间的竞争越来越趋向于管理方面的竞争。生产对于制造业企业来说是基础，销售是盈利的手段，管理却是保证整个企业长久运营的支柱。财务预算管理更是企业内部管理的核心，是提高企业经济效益的重要手段，而财务预算编制是保证财务预算管理良好实施的基础。随着大数据时代的到来，制造业企业要研究、制定适应时代发展的财务预算管理模式和方法，以增强企业内部管理的稳定性。

（一）制造业企业财务预算编制存在的问题

1.财务预算编制缺乏战略眼光

由于财务人员的编制经验不足，对企业的经营没有全面的了解，无法根据企业经营的真实情况和当前的市场情况进行科学分析，使得财务预算编制的结果过于理想化，不具备实用性。

对于一些没有设立预算编制部门的企业来说，由于缺乏专业的财务预算管理人员，导致其财务预算编制缺乏针对性，没有专业人士对其编制成果进行逻辑分析、审核，也就无法保证编制的目标与企业的长期目标相一致。

2.财务预算编制标准过于松弛

第一，一般企业很少针对财务预算编制单独设立一个专门的部门，而是交给企业财务部门，企业制定每个部门的预算标准，需要编制人员对企业的整体流程有全面的了解。

第二，财务部门与各个部门沟通不便，信息不对称，各个部门故意将自身的标准放低，财务预算编制其实是财务人员根据近期的工作数据来判断每个部门的经营成果，并以此为依据进行预测、分析，如果财务人员对数据信息的收集不及时，数据信息的准确性不确定，自然就无法制定科学的标准。

第三，财务部门在为编制预算收集数据时，通常要求各部门进行详细的数据表格填写，如销售价格、销售量、未来一年内的销售预测和各个要素的平均数等，而很多部门为了完成任务而敷衍了事。

3.各层组织与各个部门之间的矛盾冲突

每个企业都可能存在对立的利益集体，有利益就一定有冲突，上至股东，下到员工，都会存在竞争，而个人利益有时会与集体利益冲突，集体的利益有时也会与企业的利益相冲突。例如，在制造业企业中，生产部门与销售部门间为了争夺业绩，都可能会提高预算、放松标准，但这样做的结果往往会导致员工懈怠、顾此失彼的情况出现。

（二）制造业企业财务预算编制改进措施

1.加强企业管理层对财务预算编制的认识和重视程度

第一，企业管理层应该提高对财务预算编制的认识，要充分认识到财务预算管理的核心地位，要明白财务预算管理在企业的地位与薪资管理、业绩评价、战略管理是同样重要的，提高对其的重视程度。

第二，企业要在年初、年末召开财务预算大会，对一年的财务预算执行、考评做个汇报总结，并对出现的问题进行总结和反省，还要编制好下一年的财务预算。年中的财务预算变化总结也是非常重要的，这是对企业上半年在财务预算方面进行变更原因和变更方案的分析和总结。

第三，企业要专门组织各部门员工进行定期的财务培训，务必做到每个部门甚至每个员工都熟悉财务的基本知识。上行方能下效，只有企业从领导层到员工都重视财务预算编制，才能制定出更加科学的财务预算，制定出更加合理的标准和反馈机制。

2. 财务预算编制要与企业的长期目标相结合

为了保证预算编制的科学性和准确性，制造业企业可以就财务预算编制这个问题单独设立一个预算管理小组，由专业人员根据各部门提交的数据信息提出年度财务预算目标，在各部门管理层及企业执行者共同审核、商讨、审批后，再交给专业的编制人员按照要求进行编制。经过不同部门的管理层及公司的执行者审核，企业能从不同的角度、不同的高度，确定合适的、科学的财务预算目标。

专业的财务人员在进行预算编制时，要充分考虑到企业的长期目标与财务预算目标是否一致，还要将企业的日常经营活动与财务目标相结合。同时，也要总结过去的编制经验，做好市场调查，并采用科学的分析方法和工具编制财务预算。

3. 制定严格的编制标准

在编制财务预算之前，编制人员应先收集企业内部和外部的资料，通过不同部门间的联系，进行逻辑分析，判断信息的真实性并快速剔除无用的信息。对于企业的业务流程，在编制过程中工作人员也要进行充分了解。

严格挑选编制人员，尽量避免编制人员凭主观因素进行预算制定，尤其是要避免企业利益集团之间因竞争恶意而影响财务预算标准的制定。

加强企业内部的沟通，要求财务预算编制人员能够及时获取需要的数据及信息，并针对不同部门研究制定科学的预算标准，能最大化地提高员工的积极性，从而实现企业价值的最大化。

4. 合理配置企业资源，减少利益冲突

企业资源是有限的，资源的配置要以企业利益最大化为目标来展开，不能为了平衡利益集团之间的矛盾或其他私人原因而任意分配企业资源。管理层在分配任务时要明确责任主体，明确责任目标，避免出现责任推诿、无人负责的情况发生。一般来讲，制造

业企业的预算资源在生产和销售等部门间的分配标准是不同的，应将据企业自身情况和企业发展目标相结合，合理分配资源，这样才能减少企业内部不同利益集团间的利益冲突，实现企业利益的最大化。

总之，制造业企业如果要提高自身的竞争力，就要加强对企业财务预算编制的管理。科学、有效的财务预算编制管理不仅能够提高企业对于资金的利用、对于市场的把控能力，而且能够促进企业各部门间的合作与企业的良好运行。

第四节 财务预算的执行与考核

在市场经济的影响下，企业在发展过程中会面临很多挑战，因此企业要不断地增强自身实力，提高市场竞争力，尤其是提高对财务预算管理的重视程度。因为企业进行财务预算管理，是为了能够更快地实现企业的发展目标，财务预算执行力水平在很大程度上影响企业的经营发展状况。然而目前，在企业财务预算执行的过程中还存在一些问题，给企业发展目标的实现带来很多负面的影响。因此，企业需要提高财务预算的执行力，并通过科学、有效的管理手段和措施，保证企业的可持续发展。

一、企业财务预算的定义

财务预算是企业发展中的重要构成，也是开展财务管理工作的关键。企业财务预算是企业根据自身的发展情况，对未来经济行为和活动等开展的与财务相关的重要工作，其中包括财务支出与收入、对实际的财务活动的筹划等。企业财务预算的主要工作是在企业现有的资本基础上，对企业财务进行合理安排和规划，并对资本运作进行预算管理等。企业做好财务预算工作，可以使企业现有资金能够获取更大的收益，并为企业的健康发展打下良好的基础。

二、企业提高财务预算执行力的重要意义及作用

（一）企业提高财务预算执行力的重要意义

企业财务预算是以企业现有资本为基础开展的，并以企业发展目标为核心，对企业发展过程中各类收支、经营成果及活动等资金进行具体安排。由于财务预算是在预测和决策的基础上进行的，其具备一定的不确定性。财务预算工作的开展，需要综合考量企业内部和外部的发展情况，并始终围绕企业战略目标来制定。而财务预算管理工作作为所有财务理论的重要基础，是整个管理系统的主要构成。合理、有效的财务预算，可以在很大程度上推动企业的发展，并促进企业发展目标的实现。

随着经济的发展，财务预算已经成为企业制度建设的基础。对于财务预算执行力来说，其执行力需要贯彻落实到企业可操作内容上，还要结合企业发展目标，有效地控制企业运营成本。因为企业在每个阶段的发展目标有所不同，因此财务预算也要进行适当调整。在企业的实际经营过程中，财务预算的控制要与企业目标相关联，并以预算目标为指导方向，同时财务预算要保持一定的弹性，与企业经营战略保持高度一致。

（二）企业提高财务预算执行力的作用

不断提高企业财务预算的执行力，可以使企业顺应市场经济发展的需求，提高市场竞争力。企业提高财务预算执行力，对企业的发展有着很大的作用，主要表现在以下几个方面：

第一，提高企业的资源利用率。有效的财务预算执行力的落实，可以为企业经济行为做好预算和评估，可以根据实际的资金流了解企业的实际收支情况，还可以了解资源分配的实际情况，因此企业可以据此对自身的经济活动进行优化和调整。同时，提高财务预算的执行力还能够有效提高资源的利用率，保证企业的经济效益，促进企业的健康、稳定发展。

第二，有效地提高企业员工的工作积极性。企业的经济活动都是依据财务预算进行的，因此员工的工作内容也是要依据上级预算而开展的。企业落实财务预算工作，可以保证企业管理层与员工的工作目标高度一致，并从根本上促进企业内部的协调与发展。

第三，对企业财务进行监督和管理。企业财务预算要对企业各项经济活动进行分析和预算，目的在于更好地监督和管理企业财务状况，并有效地规避财务风险。

三、企业财务预算执行力受到影响的主要因素

目前，一些企业在财务预算执行过程中存在问题，以致对整个企业的财务预算管理都产生了一定的负面影响。

（一）对企业财务预算执行力的认识不够全面

在很多企业中，管理层与基层员工对企业财务预算管理的认识存在一定的偏差，对其了解也不够全面，甚至一些员工觉得企业财务预算管理形同虚设，没有实际的管理内容。这主要是由企业编制造成的，一些人认为财务预算管理是政府部门的工作，与企业没有太大的关系。

此外，一些企业自身的体制也存在问题，会导致企业员工对财务预算工作没有正确的认识，从而无法更好地落实财务预算管理工作。

（二）企业财务预算管理内容不明确

在企业预算管理过程中，预算的编制是预算执行力的关键，但在很多企业中，存在预算编制不合理、预算管理内容不明确等情况，导致财务预算管理工作与企业发展目标相悖。在企业财务管理过程中，企业要对实际情况进行考查，高效地完成预算编制工作。还有一些财务管理人员在工作中缺少前瞻性，没有将企业发展目标与预算管理工作相结合，给企业发展带来一定的风险。

（三）企业财务预算管理机制不完善

如果企业财务预算管理机制不够完善，就会导致财务预算执行力无法高效落实，也会导致很多工作仅停留在表面上。因此，企业在建立相关制度的时候，应该提高对财务预算管理执行机制的重视程度。财务预算管理的监督机制对于整个财务预算执行力来说，也是非常重要的，监督机制的不完善也会使预算管理工作无法顺利开展。

（四）企业财务预算管理中评价体系存在的问题

为了保证企业的经济活动能够按照计划顺利进行，企业要加强对各个部门的监管。在考核的时候，要按照财务预算管理的实际内容进行部门和员工的考核，做到客观、公

正。但企业在执行财务预算管理的过程中，会受到很多因素的影响，导致指标考核及绩效考核出现一些问题。如果财务预算不能有效实现，就无法对企业的经济行为进行合理评价，因此就会对整个评价体系产生影响。

此外，在预算考核的时候，如果没有科学、有效的奖惩机制，就可能无法有效调动员工的积极性，也会对整个企业的预算执行力产生不良影响。

（五）企业财务预算管理人员执行力不够

企业应设立专业的财务预算部门进行预算管理工作的落实，但很多企业的财务管理人员对预算管理工作没有给予足够的重视，在落实工作时没有较强的执行能力，导致预算管理工作效率低下。此外，一些财务管理人员的综合素质不高，忽视了财务预算管理的控制，也会影响企业财务预算管理工作整体的执行力。

四、提高企业财务预算执行力的有效措施

（一）提高对财务预算管理的重视程度

企业在发展进程中，要全面落实好财务预算管理工作。企业要将财务预算管理工作上升到企业发展战略高度，通过培训等活动促使全体员工提高对预算管理工作的重视程度。同时，企业要加强各部门间的交流和协作，为企业的健康发展、为财务预算管理的有效执行营造和谐的氛围。

（二）建立、健全高效的财务预算管理机制

企业建立并健全财务预算管理机制，是增强企业财务预算执行力的重要保证。财务预算管理机制可以有效地提升企业现有资源的利用率，并能够杜绝人员配置的偏差问题，因此建立高效的财务预算管理机制是非常重要的。企业财务预算管理工作需要不断地进行创新和发展，并朝向科学化、智能化的方向发展。

（三）加强对财务预算执行过程的监督和管理

企业需要对整个财务预算执行过程进行监督和管理，有效的监督和管理可以促进企业财务预算管理的落实，并对企业资金流向有全面的了解。因此，对财务预算执行过程

进行监督和管理,是实现预算目标的重要方面,也能够对预算执行过程加以分析和把控,一旦发现问题,可以及时地解决、处理,为企业目标的实现提供保障。如果企业目标发生变化,可以及时地对财务预算进行调整,保证预算执行的有效性。

(四)正确应用财务预算编制程序

企业应正确应用财务预算编制程序,制定出符合企业发展实际的财务预算方案,而预算方案的有效落实,需要企业各个部门的通力协作。企业还应加强财务预算方案的动态管理,提高财务预算的执行力,使预算管理能够切实满足企业发展的需求。

五、财务预算与绩效考核相关概述

(一)财务预算

所谓财务预算,是指相关预算人员根据企业现实情况及发展目标,对企业未来一段时间内的财务状况、运营成果及资金收支等作出的科学的预算。财务预算包含了多种预算项目,例如对企业的资产负债情况的预算、对企业经营利润的预算等。

科学、详细的企业财务预算不仅有利于企业发展目标的确定,而且能够使企业的每个员工都更加明确自己的工作职责与工作计划。另外,财务预算也能对企业的经营管理起到监督的作用。在各个经营管理环节中,通过严格地对照企业财务预算的相关指标,可以发现工作中存在的一些问题,及时作出相应的调整。

(二)绩效考核

绩效考核又被称为企业员工工作成绩测评,是指根据企业发展需要制定的考核指标与标准。

一方面,绩效考核是为了有效地总结与评价员工的工作情况,从而对每个员工在企业中的价值进行判断。绩效考核也能有效促进员工的工作积极性,提高员工的工作效率,从而为企业带来更大的经济效益。

另一方面,绩效考核也是为了更好地反映企业在一个阶段内的生产经营情况,有利于发现企业生产经营中存在的问题,从而可以对其进行有效调整与优化,促进企业生产效率的提升。

六、财务预算与绩效考核之间的关系分析

（一）财务预算与绩效考核的理论关系

在企业管理中，财务预算与绩效考核是密不可分的，从理论层面来看，二者主要存在以下两个方面的关系：

1. 财务预算是绩效考核的基础

在企业绩效考核中，要根据企业的发展情况制定相应的考核指标及标准，以此作为员工绩效考核的依据，而考核指标的确定，是建立在科学的财务预算目标的基础上的。因此，企业财务预算是绩效考核的基础，通过不断地对财务预算评估指标进行量化，可以有效地提升企业绩效考核相关指标及标准的科学性和合理性。

2. 绩效考核是财务预算过程中的关键环节

企业的财务预算在实施的过程中可以有效地对企业的各项经营管理尤其是对绩效考核管理进行监督，可以有效反映绩效管理及相关决策中存在的问题，进而对财务预算管理进行相应的调整。二者相互促进、相互融合，能够使企业更快地适应市场经济环境的变化，从而制定更加科学的发展目标。

（二）财务预算与绩效考核的实践关系

企业财务预算与绩效考核之间的关系除了上述的理论关系以外，在实际管理过程中也存在着密切的关系，具体体现在以下两个方面：

1. 企业绩效考核指标的确定离不开企业财务部门的参与

在企业中，虽然财务预算与绩效考核应是两个不同部门的工作，但由于二者之间的关联性，在工作上也有一定的交叉性。例如，在绩效考核指标的制定中企业，就要将企业财务部门的各项指标作为前提来进行绩效考核指标的量化，在绩效考核指标的制定中要考虑企业的总产值、企业的成本费用和利润等，这些数据都需要财务部门的支持。

由此可见，绩效考核指标的确定是离不开财务部门的参与的，只有财务部门给出全面、精准的预算数据，才能确保企业绩效考核标准的科学性、合理性，才能更适用于企业的阶段性发展中。

2. 企业内部绩效管理目标的分解与企业财务预算密不可分

企业进行财务预算，是为了有效规划各项活动，促进各项活动开展的协调性，确保企业能够有计划、有步骤地向前发展。为了能够更好地实现企业的经营目标，需要对财务预算目标进行一定的细化与分解，这与企业绩效考核层层分解有很大的相似性。

虽然绩效考核管理目标的分解不能完全代替企业财务预算目标的分解，二者具有本质上的不同，但在管理方面，二者具有很多相同点，因此将二者的管理有效结合在一起，可以有效提升企业的管理效率，有利于实现企业内部管理中战略目标的统一。

七、提升企业财务预算与绩效考核的相关措施

（一）提高财务预算目标的科学性

在企业的经营管理中，财务预算管理能够起到约束和激励的作用，因此财务预算管理人员在制定企业财务预算目标时，应该充分体现出财务预算目标的这一优势。另外，在确保财务预算目标可行性同时，还要努力提高企业财务预算目标的先进性，使企业的发展能够更好地顺应外界环境的需求，提升企业的竞争力。

企业财务预算人员必须不断提高专业能力及综合素质，使企业财务预算目标的制定具有科学性，能够更好地对企业内部的资源进行合理整合与配置，最大限度地对企业员工的潜在能力进行挖掘，激发员工的工作热情，从而实现企业生产效率的最大化。

例如，在企业财务预算目标制定的过程中，可以采用战略地图的形式对企业的整体情况进行全面分析，采用平衡积分卡等形式建立相关的模型，考虑各种因素，实现全局考虑，以制定出更加科学、合理的企业财务预算目标。

（二）加强对财务预算执行过程的监督

在企业财务预算的执行过程中，必须对执行过程进行有效监督，需要注意以下两个方面的内容：

一是必须应用相关指标对企业的生产经营活动进行约束和控制，确保企业的生产经营活动都是在企业财务预算指标的控制下进行的，从而促使企业能够有计划、有步骤地向前发展。

二是要不断地对财务预算进行合理的调整与完善。在财务预算执行的过程中，会有

很多预料以外的情况出现，因此必须对财务预算执行过程进行有效监督，能够及时地发现这些意外情况和影响因素，对企业财务预算及时地进行调整，能够使财务预算的相关指标更加符合现实发展的需要。

（三）通过科学的绩效评价，完善财务预算的考评和修订

企业财务预算会随着各种因素的影响及一些意外情况的发生而进行相应的调整与完善，为了能够提高企业预算管理的适用性与科学性，必须建立相应的预算调整机制。可以通过建立科学的绩效评价体系，对财务预算进行考评与修订，而传统的财务预算绩效评价体系过于单一，不具备较强的科学性，其反映的结果缺乏准确性，不利于企业的发展。因此，需要对传统的绩效评价体系进行完善，采用长期性的绩效评价方式，从多个角度进行评价，从而能够更全面、更真实地反映企业经营管理的实际情况。

第五节 预算管理组织架构与管理流程

一、预算管理组织架构设计思想

企业在设计预算管理组织架构时，必须考虑内部环境和外部环境的要求，这可以帮助企业适应所处的经济环境和金融环境，实现企业的战略目标，提升企业的竞争力和可持续发展能力。同时，也能使企业适应所处的发展阶段，提高企业的经营效率，具备一定的组织灵动性。

企业进行预算管理组织架构的设计，还要考虑企业治理和内部控制的要求，合理制定治理层及各部门之间的权利和责任体系及相应的报告关系，既要能保证企业的高效运营，又要能适应内部环境和外部控制环境的需要，进行相应的调整和变革。

具体而言，企业在进行预算管理组织设计时，至少应当体现以下思想：

一是要依据法律法规。

二是要适应时代和企业的发展。

三是要与战略规划和目标结合。

四是要符合管理控制要求。

五是要具备一定的灵动性和应变性。

内部机构和职能的设计是企业预算管理组织架构设计的关键环节，只有切合企业的战略规划目标、业务经营特点和内部控制要求的内部机构，才能为实现企业发展目标发挥促进作用。

预算管理组织架构体系是预算管理机制运行的基础环境和保障。全面预算目标的实现，必须建立在完善的预算管理组织基础上，预算管理组织体系的设计和构建需要结合公司治理结构情况和内部控制要求。预算管理组织体系是预算管理有效运作的保障，预算管理组织体系中的各层级相互协调和配合，能有效地保证预算管理机制的良性运作。

二、预算管理与组织构建的具体步骤

第一步：成立管理组织，即预算管理委员会（包括董事、CEO、CFO、审计委员会负责人、预算监管部门负责人、各执行主体负责人等）。

第二步：组织架构（包括主任、执行主任、委员）。

第三步：定岗定编。

第四步：岗位职责。

第五步：制度编制。

第六步：培训推广。

第七步：编制预算。

第八步：执行与控制。

第九步：调整纠偏。

第十步：分析与考评。

三、预算管理组织架构的设置与内容

（一）预算管理的决策机构

一般来说，在企业预算管理组织体系中，预算管理决策机构是指预算管理委员会，是由企业董事会或者企业经营者直接领导的，根据公司战略，审议、批准各预算执行主体上报的年度全面预算方案和调整方案，在整个企业组织体系中居于核心地位，是整个企业的预算编制、执行、监督等活动的最高管理机构。

（二）预算协调管理机构

1. 预算管理常务机构

一个健全的企业预算管理组织，除了董事会、预算管理委员会以外，还应下设一个专门的办公室，作为预算管理委员会的日常办事机构，以履行预算管理委员会的日常工作，主要负责预算的编制、审查、协调、控制、调整、考评与奖惩等。预算管理办公室既可以单独设立，又可以采用与财务部门"一套人马、两块牌子"的办法设立，但对于规模较大、组织结构复杂的企业来说，应尽量采取独立设置预算管理常务机构的形式。预算管理常务机构作为预算委员会的组成部分，其作用涵盖整个企业的经营活动、投资活动和筹资活动。因此，预算管理常务机构的工作人员除了财务人员以外，还应有计划、审计、人力资源、技术等专业人员。预算管理办公室主任一般由财务部负责人兼任。

2. 预算管理监控机构

预算管理监控机构是对预算管理执行过程和结果进行监督、控制的部门。为了保证企业预算管理的健康、正常运行，企业必须对各责任部门的预算执行情况进行监控，如价格监控、信息监控、质量监控和资金监控等。

3. 预算管理核算机构

预算管理核算机构是对全面预算管理执行过程和结果进行反映、控制、核算，以及信息反馈的部门。传统的企业财务会计是以资金运动，即生产经营过程中所发生的各项经济业务为会计对象，按照产品的生产流程进行核算的。财务会计的核算结果满足了政府、投资者、债权人掌握企业财务状况的需要，却不能满足企业预算管理、控制成本费用的需要，因此实施预算管理必须建立责任会计制度，推行以责任中心为核算对象的责任会计核算。

4. 预算管理考评机构

预算管理考评机构是对预算管理执行过程和结果进行考核、评价和奖惩兑现的部门。与预算管理监督一样，预算管理考评的对象主要是预算的执行部门，是各个责任中心执行预算的过程和结果。而企业的各个部门既是预算的执行者，又是预算管理的考评者，因此企业没有必要设置一个独立的预算管理考评部门，而是采取以一个职能部门为主、其他相关部门按照职能分工进行考评的办法。一般情况下，企业预算管理考评机构的牵头部门是预算管理办公室或人力资源部门。

（三）预算管理的执行机构及主体

一个运作良好的企业是各个部门的有机组合体，企业的整体目标需要各个职能部门齐心协力才能实现。为了明晰各个部门的责任归属，企业应本着高效、明晰的原则，将总预算科学地划分为几个分预算，分别由各职能部门实施。每个职能部门在拿到自己的分预算后，再将其划分为更为详细的子预算，由下一级部门执行。在这样的预算体系中，企业的所有部门由于执行了一定的预算而承担了一定的责任，从而成为不同的预算管理的执行主体，整个企业就形成了预算责任网络体系。

第四章 预算管理在企业管理中的地位与作用

第一节 预算管理控制与战略管理控制

一、预算管理控制的目标和流程

（一）预算管理控制的目标

第一，贯彻执行企业财务规范、标准、制度，落实财经纪律，保证企业的预算管理顺利进行。

第二，加强和规范企业财务管理，合理安排经费项目，提高企业经费的使用效益。

第三，控制经费使用程序，规范财务人员行为，落实收支计划，促使各项事业更快、更好地完成。

（二）预算管理控制的基本流程

（1）预算编制。

（2）预算执行。

（3）预算调整。

（4）决算管理。

（5）预算监督与考评。

二、预算管理控制的具体内容

（一）资本预算的控制

对于资本预算，在控制的时候并非是压制支出，而是应该根据实际情况的变化，随时调整支出项目，使资本资产的取得、维护、重置等能够顺利进行，一旦发生无法解决的问题，需要及时停止资本支出项目，以最大限度地减少损失。

资本预算的控制分为三个阶段，具体如下：

第一阶段是正式授权进行特定资本项目的计划。对于主要的资本支出计划，需要企业的最高管理部门批准，批准的形式可以是正式的或非正式的通知；对于重要性程度递减的资本性支出计划，则由相应级别负责的管理部门授权即可。

第二阶段是资本支出项目进行中的支出控制。一旦资本性支出项目经过批准并开始实施，企业应立即设立专门档案记录发生的成本费用支出，并根据责任范围编制工作进度作为补充资料；对于每个资本支出项目的进展情况报告，应该每隔一段时间就呈报给相应的管理机构；对于重要的资本项目，则需要将报告呈送企业最高管理部门审核。在其报告中应包括以下项目：

（1）成本项目。在成本项目中，应列明资本项目的预算金额、到报告期为止的累计支出和尚需支付的待付款项、预算中未使用的金额、已经超过或低于确定支出的数额。

（2）收入项目。如果资本项目投入后马上就可以产生收益或在报告期内产生了收入，则应在报告中列明收入数额及取得收入的原因和方式等。

（3）进度报告。在进度报告中，需要说明项目的开始日期、预计的进度表、实际的进展程度、预计的项目完成的时间。

（4）其他需要说明的情况。对于没有包含在上述三个项目中且比较重要的问题，可以放在其他需要说明的情况项目中，如项目的质量、一些事先没有估计到的问题等。

第三阶段是资本项目完成后的记录归档。在项目完成以后，关于该项目的资料档案也记录完毕，例如项目的实际情况、预算情况及两者的对比、分析、解决，项目的验收和试运行情况等。这些档案资料经相应管理机构核准后，可以归档。

经过以上阶段，企业对资本支出预算的控制已经基本完成，但如果是重大的资本支出项目，还需要跟踪观察，进行定期研究，确定该项目是否产生当初分析时所预期的结果。这样的考察是十分必要的，因为可以对初始分析的适当性进行良好的测验，还可以为将来的经营决策提供有价值的参考资料。

（二）产量预算的控制

产量会受到销售预算和存货预算控制结果的影响。一般来说，产量预算控制的指导原则应包括以下方面：

（1）对每项或每类产品决定其标准存货周转率。

（2）利用每项或每类产品的标准存货周转率和销售预测值来决定存货数量的增减。

（3）预算期内的生产数量就等于销售预算加减存货增减数量。

总之，产量预算的控制必须符合管理控制政策，以使生产保持稳定，将存货数量保持在最低的安全存量以上、管理决策所决定的最高存货量以下。

当企业发展到一定阶段后，企业就需要对原有的管理体系进行调整，以突破企业发展的瓶颈。目前，越来越多的企业，尤其是大型企业，已经认识到重新定位全面预算管理的地位与作用，以企业战略目标为核心，实施全面预算管理，使企业在一个更高的管理水平上发展。一般认为，全面预算管理是通过全面预算（包括业务预算、财务预算、资本预算和筹资预算），对企业进行管理和控制，包括预算编制、预算执行和预算考评等一系列环节。

我国许多企业在编制预算时，往往将预算作为财务部门的既定工作，缺乏预算管理观念，没有进行过程预算管理，使预算管理流于形式。因此，全面预算管理能否发挥其积极作用，关键不在于有没有编制预算，而在于按照怎样的标准编制适应管理要求的预算并应用于管理实践。笔者认为，基于企业战略的全面预算管理，是以企业战略、项目目标为先导，通过预算实现有限经济资源的有效分配，量化企业的经营目标，落实企业各责任中心的职责，维护企业日常经营运作的重要管理工具。

三、基于企业战略的全面预算管理及其特征

基于企业战略的全面预算管理与传统预算管理的主要区别，在于要树立以企业战略统辖预算的观念，从而有效解决传统预算管理以短期年度预算为核心、预算指标与企业战略相脱节的问题。基本企业战略的全面预算管理在以下方面，具有区别于传统预算管理的特征：

（一）基于企业战略的全面预算管理

基于企业战略的全面预算管理的全过程已经不再局限于全面预算的制定、执行与考核评价的过程，核心在于编制预算之前必须进行企业现状及未来发展的诊断性分析，制定企业战略，据以确定编制全面预算的指导原则和预算目标。有了充分论证下的战略定位作为先导，后续的预算编制才能使得资源投向符合企业战略目标的项目，企业资源的分布情况能够通过预算清晰地体现出来。同时，借助中长期预算，还实现了由企业战略向战术的转化，确保全过程预算管理的实施。

一般的做法是：由高级管理人员，如 CEO、主要经营者、CFO 等组成预算委员会，负责组织并根据企业战略的全面预算管理制定预算指导原则。后续预算编制工作则可以以财务部门为核心，由各个责任中心按照先提出原始预算提案，再协商、报经预算委员会复查和批准、进行预算修改或调整的程序完成预算的编制工作。

从行为方面进行分析，有效的预算管理过程是两种方法的结合：其一，企业高层制定编制预算的原则，这是自上而下的；其二，预算者作为它们的责任中心，其编制了预算的第一稿，这是自下而上的。参与型的预算管理对于在复杂环境下经营的责任中心十分有利，使得这些责任中心的管理者能够将影响他们业绩的信息反馈给企业高层，减少被动接受指令的比例。这样看来，实施全过程的预算管理依赖于全员参与。

（二）预算指标与企业战略相结合

企业的"使命"可有多层次的表述，处于顶端的是企业目标。它一般是想象而非实际的，如"生存、获利、发展"等。战略目标则是在企业目标之下适应环境变化的产物，一般由高层领导者制定并反映利益相关者的期望。相对于企业目标而言，战略目标是企业切实可行的行为方向，企业组织形态、外部竞争环境、企业文化等诸多因素都会影响战略目标，这就使得不同的战略选择直接决定企业战略选择的多样性，如低成本战略、混合战略、集中差异化战略等。不同的战略选择直接决定企业发展的重点和措施，而这些措施无疑会在预算中加以体现，全面预算管理之所以强调预算指标与企业战略相结合，原因就在于此。

（三）预算指标中财务指标与非财务指标相结合

全面预算的核心是财务预算，最终表现为预计损益表、现金预算等一整套预计的财务报表及其附表。因此，财务指标是预算管理的主要表现形式，例如收入、成本、费用、各种利润率、赊销比率等构成了预算的主要指标与内容。然而，全面预算管理不能忽视非财务指标的作用，在财务指标的基础上结合使用顾客满意度、产品质量、新产品开发周期等非财务指标，能够更贴切地在预算管理中贯彻企业的战略目标，因为非财务指标在一定程度上反映了企业管理水平等"软"技术。

（四）管理手段创新：预算信息化

基于企业战略的全面预算管理，要求企业建立真正贴近市场的管理机制，提高管理效率及企业决策的速度与效率。目前，已经有某一些企业进行了全面预算管理信息化的探索，即借助计算技术，依靠网络信息系统，以 ERP 等信息系统为平台，开发使用预算管理软件。

预算管理软件可分为预算编制系统、滚动预算系统、报告与差异分析系统等组成部分。利用预算管理软件，既能从现有的业务、财务软件采集编制预算需要的各种数据，又能对业务、财务等系统进行监控，极大地提高了企业的管理效率和预算的准确性。报告与差异分析系统可以帮助企业决策者将注意力集中到例外事项的管理上，而滚动预测系统将帮助决策者及时根据市场变化、业务目标变化调整业务计划，并保证调整计划的落实。

四、对全面预算管理成效的评价

全面预算管理作为一种管理制度，对其实施成效需要及时进行评价与考核。笔者认为，以企业战略为依据而建立的全面预算管理体系，可以从以下方面评价其价值：

（一）财务及非财务指标的检验

在预算编制定中采用的各种财务及非财务指标是验证预算执行情况的最直接标准，通过每个预算期末编制的业绩报告可获得相关数据。

（二）对决策效率的影响

企业制定全面预算管理体系，可以帮助各责任中心的经理协调行动，以使组织的整体目标与部分目标相一致，并把本部门活动的关系具体化。企业确定责任、明确目标、协调项目运作的管理机制，为企业提高决策效率提供了可能。

（三）可执行的企业绩效考核标准

全面预算是预算人员对其上级的承诺，它提供了一个确定的预期，这是评判以后业绩的最好框架。基于企业战略的全面预算是在分析了经济状况、技术竞争者的策略和其他因素对企业影响的前提下，按照企业发展目标制定和实施的。它体现了预算是管理计划的本质，制定预算的管理者将采取积极的措施，使实际的工作业绩与之相符。因此，企业是否依据预算建立一套可执行的企业绩效考核标准，是评价其全面预算管理成效的重要标准。

（四）经理的责任与超前思想

执行基于企业战略的全面预算管理，将使企业的经营表现出明确的方向性，它不但使经理们明确自己在计划中所负的责任，而且将促使经理们形成凡事事前预测的行为习惯。对经理的行为习惯产生影响，是将全面预算管理落到实处的必然要求。

五、战略管理控制

战略管理控制，顾名思义，就是控制战略管理的实施过程，它是一种纠偏机制，建立一套标准，可随时随地监测企业战略目标的实施，以确保企业的战略目标不偏离轨道运行。内部控制作为覆盖企业各种业务和事项的管理和控制体系，实现企业的战略目标是它的目标之一。

如果说企业战略管理控制标准是静态的，那么内部控制就是动态的，企业战略管理控制标准与内部控制二者动静结合，共同构建企业综合管理控制体系，从企业的组织层面、工作流程层面、制度层面与绩效层面等展开企业内部管理控制，强化企业的内部控制体系，完善资源的优化配置，实现企业整体战略目标。所以说，深入了解企业的战略管理控制标准，并深入分析它与企业内部控制的有机关系是非常必要的。

（一）企业战略管理控制标准与内部控制理论

所谓的企业战略管理控制标准，主要围绕经营战略管理展开，它是指企业经营战略从制定到实施期间的执行、控制及调整全过程的内容，其间，企业还要应对环境变化，制定战略方针、战略措施与战略目标，它体现了一定的全局性、长远性、导向性、竞争性与风险性特征。

企业战略管理控制标准是为丰富企业内部治理内涵而建立的，是为企业权、责、利的合理分配而构建的制度管理体系，虽然它是静态的，但其标准构建内涵丰富，为内部控制工作的顺利展开奠定了基础。例如，企业战略管理控制实现了对企业经理层的管理制衡，最大限度地保障了企业股东的利益，最终为实现企业目标创造更多的可能性。

相比之下，企业的内部控制理论丰富、行为多元，所以企业内部控制应该是动态的。具体来讲，企业的内部控制应该包括了组织内部控制、工作流程内部控制、制度内部控制及绩效内部控制。

（二）企业战略管理控制标准与内部控制的关系

企业战略管理控制标准与内部控制相关性较大，因为企业在建立战略管理控制体系的过程中，会随着外部环境的变化不断展开适应性演进的动态复杂系统调整优化，为内部控制体系中的组织控制、流程控制、制度控制与绩效控制奠定基础。基于这四点，企业战略管理控制标准与内部控制就建立了深刻、紧密的联系，该过程更是企业发展中自我定位的重要过程。

1. 企业战略管理控制标准与组织控制的关系

企业为有效应对外部市场复杂多变的各种动态发展情况，会在自身内部构建战略管理控制标准体系，并将其与企业内部控制工作中的组织控制联系起来，争取实现企业的多元化、协调化可持续发展进程，构建以企业自身为中心、以战略管理控制为主线的企业内部组织控制发展模式，这是企业对自身进行市场定位的第一步，其所有的战略发展方向都要与自身的内部组织结构和运行机制相匹配，目的是有效协调企业领导层和员工的行为，为企业内部组织控制工作建立重要支撑点。基于此，企业战略管理控制标准与内部组织控制工作相协调必须提前做好三件事：

第一，一定要以战略管理控制标准为先导，不断平衡企业规模扩张与效率优先基本原则。在企业中，要围绕内部组织控制建立战略管理控制标准先导，否则企业规模、效率都无法被扩大优化。企业构建内部组织控制机制，就是为了动态完善自身的外部市场需求，而战略管理控制标准则作为企业的约束而存在。企业需要在该标准下建立适应自身发展规模与生产服务效率的协同发展组织控制机制，并利用流程重组、流程整合、符合管理控制等客观规律，实现企业组织单元与战略管理标准的相互对接，以追求企业的平衡发展局面。

第二，企业要建立战略组织控制模式，主要侧重于共享服务、横向协调、控制权限和战略举措。同时，企业还要根据自身的发展情况，建立战略导向型、财务导向型与操作导向型控制体系，优化、丰富内部组织控制内容。以战略举措为例，企业应该注重总体战略发展追求，提出控制与协同效应，在财务导向工作中注重财务管理与资本运营核心建立，注重企业的整体战略规划，提高综合发展水平。

第三，企业要围绕战略管理控制标准，选择内部组织控制模式。具体来讲，就是要结合企业的战略管理控制目标先导，结合外部环境影响因素，提出不同的组织控制模式，结合合理、有效的组织控制模式，选择与优化企业战略组织模式框架，再结合不同的战略管理控制模式内容，优化企业内部的组织控制流程，基本上明确企业内部控制管理工作的核心流程。

2. 企业战略管理控制标准与流程控制的关系

流程控制是企业内部控制工作的关键，它能够提高企业的资源投入产出率，所以它是企业战略管理控制标准中的重要环节。一般来讲，企业会采用流程分析法，结合战略管理控制标准，使企业流程控制中的诸多细节内容更加清晰。因此，企业围绕战略管理控制核心打造流程控制工作内容，需要遵循以下四个步骤：

步骤一，企业对过往的发展战略管理控制标准及战略内容进行总结梳理，比较、分析企业战略制定中存在的各种问题，为企业今后的战略规划制定适合的方案。

步骤二，企业董事会要提出切实可行的战略构想，再结合自身过往发展战略及管理控制标准，提出未来企业发展流程控制思路，展示企业远景规划能力。

步骤三，企业对外部环境、内部状况进行分析、把脉，将企业董事会的战略设想转化为实际战略，结合客观实际与企业当前发展状况，对企业外部环境进行科学诊断，综合评判企业战略设想的适应性与可行性，并思考新战略对外部市场的针对性。

步骤四，企业要制定正式的发展战略，结合企业会议审议、修改的战略设想，汇集董事会的集体智慧，反复推敲战略规划，形成最终的企业战略规划，保证企业内部流程控制运作到位。

3. 企业战略管理控制标准与制度控制的关系

在企业战略管理控制标准中，制度控制不容忽视，它是企业内部控制的关键环节，企业要建立企业战略制度控制模式，有效规范企业的各项战略执行活动，确保企业执行战略与战略目标的一致性。例如，企业可以构建战略监督制度控制模式，强调企业内部战略执行过程的公开性，要求各个部门监督企业内部的战略执行情况，并定期对战略执行效果进行打分，做到对企业战略执行方向、目标及内容的及时跟踪并适时调整。企业还要重视人力制度控制模式的建立，它旨在强化企业战略管理控制过程中的人才规划，并应设置人事任免、薪酬考核、干部培养等分支机制，目的是重塑企业内部控制系统，更多地融入战略管理控制标准内容，在考评、强化企业员工与企业战略发展目标方面做到有效、一致。

4. 企业战略管理控制标准与绩效控制的关系

企业战略管理控制标准与绩效内控之间有密切的关系，企业需要围绕战略管理控制标准，对自身绩效控制程序进行科学、合理设计。例如，要厘清绩效控制主客体的关系，对企业各个部门进行绩效评估，并在评估过程中向各个部门传达企业发展战略目标，规范、规划企业战略管理控制活动。

一般情况下，企业战略管理控制标准背景下的内部绩效控制战略都具有一定的动态适应性，在战略调整过程中则要根据调整后的战略与相应的战略管理控制活动进行优化，实现内部绩效控制与企业战略管理控制标准的良性互动。

企业为保持自身的健康、可持续发展，必须结合战略管理控制标准和丰富的内部控制策略，展开各项工作，实现自我调整，形成一套科学、可控的战略管理控制体系，在新的经济形势下，不断完善、优化自我战略管理控制标准，明确标准与内部控制工作关系，为企业提升市场竞争力。

第二节 预算管理在企业管理控制系统中的地位

现代社会的高速发展给现代化企业管理制度的职能转变提出了全新的要求，全面预算管理体系作为现代企业管理模块中不可或缺的重要组成部分，在企业的经营管理工作中发挥着巨大的作用。全面预算管理是企业进行现代化管理的必要方式，能够有效提升企业的管理效率和经济效益，对实现企业内部控制管理发展具有积极的作用，因此深入探索全面预算管理在企业管理中的具体作用就显得十分必要。

一、全面预算管理工作的主要内容

（一）资金预算管理

企业针对自身的生产经营、建设投资、财务投融资及专项收支等一系列资金收付活动，进行全面的预算和规划设计，即为资金预算管理。资金预算管理工作主要是企业用来平衡资金预算，搞好财务收支综合平衡，构建建设资金预算表，明确专项费用资金预算和进行成本费用预算等工作。

（二）经营预算管理

企业对自身规划期内的各项实质性生产经营的经济活动，以货币或者数量的形式进行预算和预测，即为经营预算管理。企业的经营预算管理工作主要是采购预算、收入预算、生产预算、直接人工预算、销售预算和间接费用预算等。此外，还包含管理费用预算和成本预算等内容。

（三）财务预算管理

企业对自身年度经营成果及财务状况的预算管理工作，即为财务预算管理。财务预算管理是全面预算管理体系的最后一个环节，是企业整年经营管理的最后阶段，主要的工作内容为资产负债预算、利润预算及财务指标预算等。

二、全面预算管理在企业管理中的重要地位

（一）全面预算管理是企业进行现代管理改革的迫切需要

市场经济的高速发展带动了企业的快速发展，传统的企业管理职能已经不能满足现代企业发展的需求，企业规模的不断扩大及经营范围的不断扩张给企业的管理带来了巨大的困难，企业需要将自身的各个职能部门及生产经营活动贯穿起来。全面预算管理可

以真实地反映决策层对企业年度经营管理的核心意愿，帮助企业管理工作贯穿成为一条主线，是企业进行现代管理制度改革的迫切需要。

（二）全面预算管理可以帮助企业提高经济效益

全面预算管理是将企业的各项经营活动和生产活动进行层层分解，逐级制定相应的预算管理和考核标准，这种全面预算管理体系不仅能够帮助企业实现内部资源配置的最优化，而且能够将预算指标细化至每个职能部门，帮助企业完善内部控制考核管理工作，拓展企业生产经营的经济效益空间，实现企业的经济效益提升。

1. 对业绩进行全面评估

有发展就会有业绩，全面预算管理可以对企业的业绩进行评估。在进行预算管理时，企业的运营情况可以通过全面预算清晰地呈现出来。企业可以通过全面预算管理，得知其方法是否适当。因此，企业的管理层可以通过全面预算管理更加合理地评估业绩，提高预算管理的工作效率。

2. 有效地防控风险

风险是企业经营中不可避免的，在市场经营与投资中会出现大小不一的风险，这些风险对于企业来说都是比较麻烦的事情，甚至会影响企业的发展。全面预算管理可以有效防控风险，在一定程度上使企业的风险降低。全面预算管理可以预计风险发生的可能性与类型，并根据企业的自身情况，增强对不确定风险的调控，尽量避免风险的发生。

3. 有效地降低成本

企业在经营管理时会产生一定的成本，当成本控制存在问题时，企业会处于危险的境地，而全面预算管理可以降低企业的经营成本。全面预算管理是细致的管理，会将管理更加细致化，在确保工程用料质量的情况下，将成本价格降到最低；对于用不完的材料，全面预算管理也会进行相应的管理控制，在一定程度上避免浪费，这可以有效地降低成本。

三、具体分析全面预算管理在企业中的地位——以铁路运输企业为例

全面预算管理是根据铁路运输企业的内部资金总量、企业运作情况、各单位的业务水平等情况，进行企业资金的宏观调控，并且在一定时间内规划出企业的经济利用水平与资金流向，以优化资源配置，提高资金的有效利用率，使铁路运输单位的发展符合市场经济发展的需求。同时，全面预算管理是企业内部管理的核心，有效的经济管理模式是企业持续发展的保障。为提高全面预算管理能力，企业应该不断加强对管理人员的管理意识的培养，提高管理人员的综合素质，促进运输行业的快速发展。

（一）全面预算管理在铁路运输企业中存在的问题

1. 全面预算缺乏规范化、科学性

财务方面的管理是预算管理的主要内容，而原始凭证管理是其基础。在实际经济活动中，存在着管理人员没有按照流程操作的现象，他们忽略了公章的盖定、账务的细致记录及原始凭证的存留，对活动数据的重要性也没有形成正确的认识，使得活动账务记录容易出现纰漏，甚至造成原始凭证的丢失，让企业的内部管理陷入危机，记录结果的真实性更是难以得到保证。企业由于内部的疏忽，会出现管理人员操作不规范、不科学的情况，使得资金流向记录很难全面地反映企业的相关活动与自身的情况。

此外，全面预算管理缺乏透明度，没有公开相关的运输企业的活动内容，不能确切地展现运输企业的财政收入，还存在着财务报表弄虚作假的现象，导致运输企业的具体情况无法得到真实的呈现，其存在的问题也就无法有效解决。

预算管理人员在财务记录中的自由度过大，容易出现信息失误与预算超支的情况，不利于铁路运输企业正常业务活动的开展与效益的提升。

2. 全面预算管理体系不完善

部分业务的财务预算缺乏多方面的综合性考量，没有对企业活动进行横向拓展，使得预算方案不符合铁路运输的活动目的与功能需求，也就不能推动铁路运输行业的发展。并且，预算方案过于笼统，没有细致化的财务审批流程，也没有明确各项经济指标的要求，使得预算方案只停留在纸面上，无法依据预算方案对预算管理工作进行贯彻与

落实。

此外，预算方案的内容不全面，只侧重于单方面的经济规划与建设，且经济预算方案制定的数目较少，不便于多方案之间的比较与考量、特点结合与优化，使得铁路运输行业的功能水平较低，不利于行业的发展以及向现代化管理模式的转变。

对资金预算的监管不彻底，使得预算编制、预算执行、预算考核等步骤相继出现问题，从而导致铁路运输筹资、融资、采购、管理等诸多经营工作举步维艰。

3. 全面预算管理人员综合素质水平低

全面预算管理人员是铁路运输企业经济管理模式的重要组成部分之一，管理人员综合素质的高低直接影响铁路运输企业经济管理的水平。而目前，我国铁路运输企业的全面预算管理人员的综合素质普遍较低，导致企业经济管理模式不符合市场经济的发展需求，相关业务的开展也受到严重制约。

铁路运输企业预算管理人员缺乏责任心，对全面预算管理工作不负责、认识不到位，不能充分掌握预算管理知识，不能按照规定严格操作，对于资金的规划工作落实不到位，且缺乏上进心，不积极主动参加预算管理的座谈会、培训会，缺乏对于完善的预算管理知识体系的构建及关于企业经济管理的实践操作经验，不能将与经济管理学相关的理论知识与铁路运输企业本身的特点有机地结合起来等，这些情况使得企业的预算管理模式始终处于相对落后的状态。而相关部门也没有起到良好的监督管理作用，没有定期对预算管理人员进行管理技术培训与指导，不重视预算管理人员的综合素质水平，使得综合素质相对较低的预算管理人员成为企业经济的发展的阻碍之一。

（二）全面预算管理在铁路运输企业中的发展

1. 加强全面预算的规范性与科学性

规范化、科学化的预算管理方法是企业发展稳中求进的重要保障，企业应该不断加强全面预算管理的规范化建设，要求预算管理人员严格按照国家相关法律法规及企业内部的条例进行操作。预算管理人员应严格开展监督、管理及审核等工作，避免出现纰漏，正确保留原始凭证，对相关活动文件加盖公章以示同意，细致地记录账本，从而使铁路运输企业的账本有效反映企业的具体情况与实际资金的流动方向。与此同时，企业要加强对企业内部成本管理的控制，保障全面预算管理得以落实，使各个部门之间能够进行有效沟通。加大企业经营活动的公开力度，增加透明度，便于对企业预算、执行进行有效的调控与指导，有利于企业的自检。企业在制定经济方面的预算、规划时，要有相关的数据做支撑，通过科学的计算软件与计算方式进行测算，保证预算的可信度，同时要强调预算管理工作的效益，保证企业的经济实力与整体水平同步提高。对预算进行规范化、科学化调整并有效执行，可以不断提高企业的综合实力，逐步实现企业预算管理的现代化建设。

2. 不断健全预算管理体系

铁路运输企业应该不断健全预算管理体系，以提高市场竞争力；要重视预算方案的制定，提高预算方案的质量，提升企业活动的完成效率；要建立科学化的全面预算管理架构，掌握全面预算的管理宗旨，使得预算方案的制定与思想内涵、活动目的相互融合与统一，满足铁路运输行业发展的需求；要制定精细化的预算方案，如限制管理资源、资金的投入，规划资金审批流程，确定各项指标，不断完善预算方案，提高财务预算方案的可行性等。

铁路运输企业应该制定多份方案，作为参考与比对，然后综合考量各个预算方案的优点与不足，重新修订一个全面的资金预算方案，这有利于提高铁路运输行业的综合性建设，并实现多方面的技术与功能的突破。

铁路运输企业要全面优化铁路运输企业的预算方案，体现出铁路运输单位应有的价值与水平。做好财务预算的监督工作，内部预算管理部门应该针对预算的编制和实施来检查预算的执行情况，比较、分析内部各单位未完成预算的原因，并对未完成预算的事项采取积极的、及时的补救措施，保证铁路运输企业的各部门都能够严格按照财务预算进行运营。

3. 提高全面预算管理人员的综合素质水平

拥有综合素质高的全面预算管理人员是铁路运输企业实现经济可持续发展的不竭动力，为解决管理人员综合素质相对较低这一问题，铁路运输企业应该提高重视程度。

监督管理部门应该关注全面预算管理人员的素质水平，使其加强对预算、操控、管理知识的学习，引进企业经济管理经验较多的优秀人才，并定期对管理人员进行经济管理知识培训，组织优秀的企业预算管理人员参与经验交流活动，从而提升铁路运输企业的全面预算管理质量。

铁路运输企业的预算管理人员应该具有良好的责任心、上进心，对待工作认真、负责，按照相关规定有效进行资金的整体调控、规划、记录等，树立正确的职业观、价值观，积极、主动参加企业举办的预算管理知识培训和经验交流活动，掌握最新的经济管理方法，完善全面预算管理知识与实践体系，将学到的理论知识应用于企业的全面预算管理实践之中，从而提升自己的职业能力，为企业发展助力，也让自身的价值得到更好的体现。

铁路运输行业发展迅速，使得中小型企业之间的竞争不断加剧，只有制定的全面预算管理模式符合现代市场发展的需求，企业才能具有更大的发展优势。

第三节 全面预算管理在企业管理控制体系中的作用

在增强企业的市场竞争力方面，提高企业效益与成本控制息息相关。成本控制工作的内容不只局限于控制成本费用，成本控制范围与企业战略、发展目标理念、企业管理模式等因素也是密切相关的。因此，在企业管理体系中，不能忽视全面预算管理中有关控制成本的制度体系的建设，成本控制对提高企业的经营效益发挥着重要作用。

全面预算管理要在企业战略目标的指导下，对企业的经营活动、财务状况等进行全面的规划和预测，对实施过程进行动态监管，不断分析、跟踪执行预算情况，结合企业实际优化经营管理制度，强化对成本的控制，降低企业产品研发、设计、生产和销售成本，从而保障企业战略目标的实现。

一、正确理解企业全面预算管理的内涵

全面预算管理是企业经营活动及企业财务管理的一种管理方式。在管理过程中，企业要以实现盈利、获取利润为目标，督促企业各个经营环节执行预算管理制度，结合预算目标分析实际执行情况，及时优化预算方案，为企业管理层决策经营活动提供参考。

全面预算管理的内涵具体体现在以下方面：

（1）把企业的总体预算目标划分为许多小目标，在各部门之间科学配置企业资源，在提高资源利用率的同时，让每个员工对企业的预算分配指标有全面的了解，促使员工树立成本意识和责任意识。

（2）全方位分配管理预算金额，包括企业的经营预算、投融资预算、财务管理费用预算等。

（3）预算管理不仅要编制、汇总和分配预算指标，而且要对预算的执行情况进行监测、分析，并且进行相应的调整，定期对预算执行情况进行考核与评价，在生产经营过程中发挥预算管理的激励作用。

二、全面预算管理对企业的促进作用

（一）建立科学的全面预算管理体系，完善企业管理制度

全面预算管理内容包括编制年度预算、控制预算执行、规范执行预算管理的职责与权益，对企业各部门及所有员工遵守预算制度进行考核与评价，有效地协调和控制企业各部门的经营活动，充分发挥预算管理的职能，从整体上应对外部市场竞争、降低企业经营风险及完善企业内部管理制度，对企业经营活动进行具体规划。只有建立完善的全面预算管理体系，才能进一步建立、健全企业管理制度。

为了确保全面预算管理机制的实施，需要在项目启动之前制定明确的战略目标和指标，这些目标和指标应是可度量、可衡量的，可以用于衡量和评价项目进展和效果，并在整个项目周期内持续地追踪和监控项目进展，及时调整预算方案。全面预算机制需要综合考虑项目各方面的需求和实际情况，对于整个项目的预算范围和细节进行明确的规划和管理，包括预算编制、调整、执行和监督等内容。同时，还要考虑预算的风险和不确定性因素，以避免可能出现的偏差。

全面预算管理机制的建立，需要建立起正向和反向激励机制。正向激励机制可以通过设定项目目标完成率和指标完成率等考核标准，根据项目完成情况给予奖励和激励，以激发项目团队的积极性和创造性；反向激励机制可以通过设定一定的惩罚机制，对项目执行者进行警告或扣罚，以防止短期行为或不当管理。

全面预算管理机制要建立评价机制，用于对项目的进展情况和预算的执行情况进行评价和反馈。评价机制包括定期的绩效评估和风险评估，以及对预算偏差的监控和分析。通过对项目的评估和反馈，可以及时调整预算方案，从而保证项目的顺利推进和可持续发展。

（二）实施全面预算管理，有利于企业战略目标的实现

企业实施全面预算，是为了更好地掌握企业的财务状况和提高经济效益，但严格执行预算并不意味着仅仅是为了控制成本，相反，企业应该将全面预算管理机制作为服务企业战略目标实现的重要工具，通过预算编制、执行和监督等各个环节，对企业的经营状况和成本支出进行有效控制，确保项目按照计划推进，达成企业的长期目标。

为了保证全面预算的有效执行，企业应该建立预算管理委员会和董事会等管理机构，并不断增强对经济环境变化的敏感性。预算管理委员会和董事会应该更加关注经济环境的变化，根据实际情况及时调整预算管理策略，避免因为外部环境变化而导致预算失控。预算管理委员会和董事会应在充分掌握企业实际财务情况的基础上，及时对预算管理调整申请进行审批和批准，确保预算管理调整的快速响应。通过这样的方式，不仅能够使企业的战略发展目标更加清晰，确保企业拥有快速适应市场变化、发展的能力，还能够不断提高企业的战斗力和凝聚力。

企业全面预算管理包括企业经营、投资融资等经济活动，也就是说，必然会涉及财务资金，而财务预算需要经过计划编制、实施与控制，以及考核评价等多个环节，通过分析，才能明确活动是否执行了预算以及执行的结果。因此，全面预算管理只有在实施前有计划、在实施中有控制、在实施后有评价，才能保证企业组织、开展的各种经济活动有效运行，从而引导企业合理配置资源，增强企业在市场竞争中规避财务风险的能力，促进企业实现预定的战略目标。

（三）实施全面预算管理，有利于企业引入先进的管理理念

随着时代的发展，企业管理员工不能简单地使用强制管理手段，而应该通过实行人性化管理，改变员工的传统观念，提高企业员工的思想认识，重视基层员工的技能培训，不断提高员工的综合素质和能力。因此，企业实施全面预算管理，可以使企业在激烈的竞争中以市场为导向制定预算规划，从而引入先进的企业管理理念，有效整合企业资源，全面提高企业的综合竞争力。

（四）实施全面预算管理，有利于促进企业各部门工作的协调

全面预算管理评估是一项体量庞大的工程，具有较高的系统性和全面性，因此需要企业各个部门之间互相协作、积极配合。开展全面预算管理评估，不仅能够帮助企业明确自身的发展方向，制定科学、可行的发展规划，而且能确保企业快速实现发展目标。

因此，企业应该借助多元化渠道，积极促进各部门人员共同参与其中，使工作人员形成互相协作、互相帮助的良好工作状态。

企业可以利用激励奖惩制度，鼓励部门与部门之间、员工与员工之间形成互相鼓励、互相促进的良性竞争关系，不断提高员工的积极性，同时加大各部门的成本管理控制力度，进一步优化企业综合成本管理成效。

企业通过全面预算管理，协调各部门、各环节的业务活动，推进企业各部门之间以目标利润为导向，统筹兼顾、协调经营，有效化解各部门之间存在的矛盾，使企业能够始终保持人、财、物的平衡，从而降低成本，促进企业实现经济效益的最大化。

在预算编制的过程中，企业高层管理人员需要与各级部门主管、基层员工之间建立畅通的沟通渠道，采取自上而下或自下而上的有效沟通方式，对于执行全面预算管理过程中遇到的关键问题，应本着相互理解与相互支持的原则，在共同分析与研究之后达成共识。

（五）实施全面预算管理，有利于企业提高管理考核的效率

预算编制工作为企业执行全面预算管理奠定了良好的工作基础。在预算编制中，企业主要负责采集相关的产品信息，掌握有效的市场趋势，为预算管理中绩效指标的制定提供参考数据，进一步提高预算管理方案的可执行性。企业的经营者和管理者可以运用预算管理方案中的相关指标，客观地评价企业经营目标的实现情况，为考核企业职工的工作效率提供参照指标，制定奖惩标准，根据企业的实际情况，从物质上和精神上奖励工作效率高的员工，批评与鞭策工作效率低的员工。

（六）实施全面预算管理，有利于降低企业经营风险

处于市场经济时代的企业要应对同质化的市场竞争，任何企业都将面临生存和发展的挑战。在市场竞争中，不具备竞争优势的企业被市场淘汰在所难免。因此，企业通过全面预算管理，对内可以有效规避经营风险，对外可以分析竞争企业的状况，这样有助于企业在同业竞争时做到知己知彼，能够在实施全面预算管理时帮助企业经营层人员正确把握经营目标，采取积极措施排除潜在的经营风险因素，确保企业稳健发展。

三、企业加强全面预算管理，控制企业成本的措施

（一）健全预算组织架构，在企业内部建立全面预算管理制度

全面预算管理具有为企业预测生产、经营活动成本，及时反馈成本控制信息，制定执行预算的奖惩办法等多种作用。要发挥全面预算管理的作用，有必要在企业中健全预算组织架构，建立二级预算管理组织，负责企业全面预算工作的管理。在预算管理的二级组织机构中，财务部门应担任主要角色，切实履行全面预算管理的控制和监督职责。

企业在落实各项成本控制措施的过程中，应该在思想和行动两个层面双管齐下，对全面预算管理的重要性给予正确认识和高度重视，确保建立的全面预算体系具有较高的完善性和系统性，能够将全面预算管理的各项措施融入企业日常生产、经营和管理中。

企业要结合自身的实际生产水平、运营现状和发展能力，建立具有较高可行性和合理性的全面预算管理目标，对全面预算管理实施过程不断进行优化与规范，提高全面预算管理工作标准的清晰性和准确性，推动全面预算管理措施的有效落实，从而在企业成本控制领域充分发挥全面预算管理的作用与价值。

（二）保持畅通沟通渠道，进行反复研究

企业在编制全面预算管理的过程中，应坚持畅通沟通的原则。企业要结合自身的实际情况，对全面预算的相关指标进行反复研究，在确保预算指标的科学性和可行性的同时，把握企业的发展趋势，使全面预算保持一定的前瞻性。

（三）制定预算管理的实施细则，做到责任落实到人

企业全面预算管理涉及企业所有的经济活动，因此在预算管理中要强化制定者和执行者的责任感，要激发所有员工参与预算管理的积极性和主动性。在实施、执行的过程中，企业各职能部门要结合本部门的实际状况，根据企业发展的总体目标，制定各部门子目标的落实细则，从而将全面预算管理工作具体责任落实到个人。

（四）建立信息反馈机制，动态管理全面预算

成本控制是提高企业经济效益的重要环节，全面预算管理是实现成本控制的管理手段，在企业经营战略中要重视发挥全面预算管理的作用。企业要建立一套预算管理信息

反馈机制，对预算执行情况实行动态管理、实时反馈，根据反馈信息及时调整、优化预算管理目标，杜绝预算形式主义，结合企业的实际发展需要，完善与创新全面预算管理的内容，形成科学的全面预算管理体系。

（五）全面提高企业成本管理控制和预算管理控制的信息化建设水平

企业应该紧跟时代发展的步伐，不断提高成本管理控制和预算管理控制的信息化建设水平，积极引进现代化信息技术，转变传统的管理思维，充分发挥全面预算管理的作用，提高企业的成本控制水平。例如，企业可以邀请行业专家利用现代化信息技术为企业构建预算管理控制信息化平台，上传企业各个阶段的全面预算管理数据，然后对全面预算情况进行详细分析，确保采取的全面预算管理方式与企业发展需求高度契合。

第四节 以预算管理为导向的管理控制体系
在企业管理中的应用

进入 21 世纪，经济的全球化发展促进了企业的创新和发展，企业针对社会的发展方向制定发展战略具有重要意义，因此企业应在发展战略的指导下，根据发展实际情况，采用数据库分析信息的技术，对企业的全面预算管理体系进行改革，使其适应社会的发展方向，进一步促进企业战略目标的实现，从而实现企业价值的提升。

一、企业全面预算管理体系的优势

（一）对企业发展风险进行有效防控

企业构建全面预算管理体系，可以据此对成本进行预估，通过分析支出和收入情况，找出其中存在的问题并及时改正，进而对发展中遇到的风险进行有效防控。

（二）提高企业的经济效益

在企业的发展中，全面预算管理可以提高企业的经济效益，促进企业的良性发展。发展风险影响企业经济效益的提升，因此企业可针对全面预算管理的结果，提前规避风险，进而降低因风险而产生的运营成本，提高企业的经济效益。

（三）提高企业的战略发展水平

提高企业的战略发展水平，是企业全面预算管理体系的重要优势。进入21世纪，世界各国的经济发展和竞争越来越大，根据企业的战略发展方向，对市场中的竞争情况进行勘察，制定更完善、全面的预算方案和管理体系，从而提高企业的战略发展水平。

二、以战略导向为基础的企业全面预算管理体系的构建

（一）明确企业预算目标

明确企业的预算目标，是以战略导向为基础的企业全面预算管理体系构建的重要步骤。企业进行预算管理，先要明确企业的预算目标，规划企业的发展战略及发展前景。企业要在保障预算目标科学性的基础上，保障预算目标能够有效实施，并以此制订实施计划，从而提高企业全面预算管理体系的科学性和可操作性，保障企业预算目标的实现。

（二）整理预算编制与汇总

在企业战略的指导下进行预算管理体系建设，对预算编制进行整理与汇总是预算管理的重要内容。企业进行预算管理，要进行预算编制，结合企业的实际情况，编写具有科学性和创新性的预算，再将预算编制中遇到的问题进行汇总并及时解决，提交到相关部门进行审核，审核达标后再确定预算方案。

（三）实施预算外事项的执行

实施预算外事项的执行是企业预算管理体系构建的重要举措。企业以战略导向为基础构建企业全面预算管理体系，要实施预算外事项的执行，也就是在全面预算管理体系中，相关部门可以提出超预算事项的申请，经审核合格之后，才能将这个超预算事项纳

入全面预算管理中。在对超预算进行审核、审批的过程中，有关部门必须做到严格控制和复核，充分了解企业的发展方向和战略目标，确保超预算事项执行的合理性及预算方案的科学性与可行性。

（四）创新预算分析与调整

在企业全面预算管理体系的构建中，创新预算分析和调整也是其中的重要切入点。在进行全面预算管理体系的构建中，要对预算进行分析和调整并进行预算考核，进而提高预算的管理水平和质量；要将预算方案执行的科学性和创新性纳入员工的绩效考核中，提高员工工作的积极性，从而提高全面预算管理的水平。

三、全面预算管理与内部控制体系的内涵

首先，全面预算管理是企业对自身内部经济实施管理控制的一种方法，如企业对自身业务预算、财务预算、专项预算等所实施的管理控制。企业实施全面预算管理的主要目的是促进目标利润的达成。企业全面预算管理在实施管理的过程中，以销售预测作为实施管理控制的起点，依次对生产经营活动、运营成本和现金流情况进行预测，并通过编制预计资产负债、损益表、现金流量表等，反映企业未来的财务状况和经营成果等。

其次，内部控制体系指的是企业为了保证生产经营活动的效益性和财务报告的可靠性，而制定的被用来进行自行检查、自行制约和自行调整内部业务活动的系统建制。从内部控制体系的内涵可以看出，它是企业自定自立的一种自律系统。企业在开展各项生产经营活动的过程中，内部控制体系伴随其决策、执行和监督的各个阶段、各个区间、各个层面和各个层级，贯穿于每一项生产经营活动过程的始终，充分体现出了全程性、全方位性和全员性的特点。

依靠全面预算管理，企业可以对未来的生产经营活动、经济效益获取、费用支付等进行科学规划，可以调动全员参与完成预算目标的积极性，因而全面预算管理是企业构建内部控制体系的重要抓手。

四、全面预算管理与内部控制体系的关系

在企业构建的内部控制体系中，全面预算管理是核心组成板块，具有不可替代性，发挥着举足轻重的作用：

第一，全面预算管理与内部控制体系在总的目标追求上具有一致性。一方面，全面预算管理对企业各部门、各生产单位的权、责、利具有厘定功能，能优化企业的生产资源配置，能调动员工的工作积极性，因而能促进企业经济效益获得能力的增强；另一方面，内部控制体系以自行检查、自行制约和自行调整内部业务活动的自律措施为主要手段，贯穿于企业生产经营活动的全过程和全层面，其终极目标也是提高企业的经济效益。

第二，全面预算管理与内部控制体系在完成目标的过程中具有互依性。一方面，内部控制体系构建完成后，在具体执行的过程中，会对全面预算管理的预算计划造成干预，干预的结果是导致企业对全面预算管理的既定预算计划进行调整；另一方面，既定预算计划被调整后，企业出于逐利需要，会对原先厘定的各部门、各生产单位的权、责、利关系进行重新分配，重新分配的结果必然是促进企业内部控制效果的增强，进而也会促进企业经济效益获得能力的提高。

第三，全面预算管理与内部控制体系在完成目标的过程中形成的是执行与被执行的关系。一方面，全面预算管理为企业设定经营目标在先，是目标的制作者，而内部控制体系则是企业实现这个目标的手段，是实现目标的执行者；另一方面，全面预算管理为企业设定的经营目标是具象化的，是看得见、摸得着的，而这个目标在被实现的过程中则有赖于内部控制体系为其提供制度性保障。否则，全面预算管理为企业设定的目标就只能沦为空谈，所以两者在完成目标的过程中具有一定程度上的执行与被执行关系。

五、企业内部控制体系的现况

构建一套健康的、完善的、规范化的内部控制体系，对增强企业的经济效益获得能力的重要性不言而喻，尽管很多企业都知晓这个道理，也知晓这会影响其参与国际竞争的能力，但在具体实践中，由于受到各种因素的制约，我国很多企业现在使用的内部控制体系普遍存在着不够健康、不够完善、不够规范等问题，使得其制定的预算管理目标得不到有效落实，企业发展水平受到影响。

这些问题主要表现为以下三点：

第一，企业对风险管理控制的重视程度不足，预算管理体系不健全。一方面，表现为企业对风险管理控制的重视程度不足，缺乏风险管理防范机制和必要的风险预防、风险管理控制措施，影响了内部控制制度的顺利实施，使得内部控制体系应有的作用没有发挥出来。并且，企业各部门、各生产单位之间存在层级壁垒，互动性不强，这也让内部控制制度在设计和建设上多了一些阻碍；另一方面，表现为企业管理层观念的落后，管理层把主要精力用于开发市场和原材料采购，而对于如何构建一个有效的内部控制体系及如何引进内部控制体系构建专业人才没有给予应有的重视，这就造成了内部控制体系存在很多短板。

第二，制度不健全，内部控制执行不力。一方面，企业的各部门与各生产单位的内部控制意识淡薄，协作不积极，常常用普通财务预算管理替代全面预算管理，以致各部门的实际工作内容不能全面反映企业的战略意图和发展规划，进而使得内部控制体系无法有效运行；另一方面，表现为国家层面政策法规支持上的乏力，就目前情况来看，我国尚未形成系统性的针对企业应如何构建内部控制体系的规章制度，也没有形成可供企业参照的标准体系，这些问题都削弱了企业内部控制体系在实际执行中的工作力度。

第三，内部治理结构不规范，影响内部控制体系的构建效果。一方面，表现为企业内部控制体系构建框架与企业治理结构之间形成的是内部监管系统与制度环境之间的关系，在这种关系的制约之下，企业内部控制系统的成功构建与顺利运行能否达到预期设想的目标，完全依赖于企业内部治理结构的健全与否，而我国在实行市场经济体制改革后，虽然企业基本都设立了法人治理结构，然而一些企业在治理结构方面还停留在纸面上，根本不能对企业内部权利的使用形成规范性的制约；另一方面，表现为企业外部治理机制运行中的不规范，企业外部治理机制如企业外部的资本市场、职业经理人市场、产品销售市场等，这些板块有的因构建时间较短而本身处在磨合期，有的缺乏有效的监管机制等，这些不规范现象的存在，不同程度地造成了对企业经营行为约束力的失控，这必然要危害到企业内部控制体系的构建效果和实施效果。

六、以全面预算管理为基础的企业内部控制体系的构建路径

（一）将全面预算管理机制纳入内部控制体系构建中

一是企业要在构建内部控制体系的同时，加强对全面预算管理机制的建设，将工作重点放在对预算目标的科学确定与量化分解方面，要保证各部门、各生产单位责任目标的清晰、明确。

二是企业要在构建内部控制体系的同时，对全面预算管理流程进行规范化调整，将工作重点放在对原有预算管理流程进行重新梳理、改进等方面，提高预算管理流程的顺畅性。

三是企业要在构建内部控制体系的同时，对业务管理结构进行优化调整，将工作的重点放在对业务管理结构关键点的监管方面，提高业务管理结构的安全性和稳定性。

四是企业要在构建内部控制体系的同时，提高管理层及员工对加强企业内部控制重要性的认识程度，让企业全体员工都积极、主动地参与到全面预算管理机制和内部控制体系的构建和执行中来。

（二）通过完善全面预算管理机制，为构建内部控制体系创造有利条件

一是企业要对现行的全面预算管理机制认真"检修"，既要基于全面预算管理的真实情况，又要与满足企业构建内部控制体系的需要相结合，消除两者间的障碍。

二是企业要对各部门、各生产单位的工作内容加以明确，对各部门、各生产单位的预算及其收益加以均衡评估，推进全面预算管理的精细化发展。

三是企业要做好对全面预算管理结果的评估与分析工作，以评估为根，以分析为据，及时发现问题，及时查找原因，及时进行解决。

四是企业要成立专门的全面预算管理机构，以对层级管理工作进行科学分配，以防止层级管理人员工作不细致的情况出现。

五是企业要想做到预算管理的全面性，就要从财务预算、成本预算、资产预算等多方面入手，把全面预算管理的策略、措施贯穿其中，为内部控制体系的成功构建创造尽可能多的有利条件。

（三）通过加大全面预算管理执行力度，加大内部控制体系的构建力度

一是企业要调动全体员工监督全面预算管理执行情况的积极性。

二是企业在构建全面预算管理评估机制时，应把员工的个人利益与企业的整体利益充分结合，提高员工的自律性和自我规范性，减少因员工个人因素而使全面预算管理的执行效率和执行力度下降的情况出现。

三是企业在对评估对象进行绩效评价的过程中，必须以实事求是的评估原则和评估态度，保证评估标准的客观性和评估结果的真实性，因为只有这样，评价机制及其结果才能对评估对象产生激励和鞭策作用。

四是企业要保证全面预算管理指标设置的科学性、合理性、客观性，要保证设置指标的目的是促进指标的实现而不是故意设置障碍，因为只有在指标可以通过努力实现的情形下，执行的力度才会加大。

（四）将全面预算管理成本控制作为构建内部控制体系的重点

企业全面预算管理的内容非常宽泛，涵盖了财务预算管理、资金预算管理、成本预算管理等许多方面，主要内容如下：

一是企业在全面预算管理中，应将成本预算放在首要位置，结合生产经营活动实际需要，为成本控制制定科学的预算指标，既让执行者能够通过努力完成预算指标，又让成本得到合理控制。

二是企业在制定成本预算控制指标时，要对外部市场影响因素进行综合评估，力保制定的成本预算控制指标与行业同期水平保持一致。

三是企业在落实成本预算控制指标时，要建立信息反馈渠道，要为指标执行者提供向上反映问题的机会，以使相关部门对不合理的地方及时进行修正，减少理论设计与实际应用之间的误差。

四是企业在遇到经济政策调整等宏观环境变化时，要及时跟进、调整制定的成本预算控制指标，防止内部控制体系建成后与宏观经济政策导向之间产生较大的差距。

（五）通过加强资产预算管理，为构建内部控制体系提供支持

为了能够让生产经营活动保持在正常、稳定、有序的状态，企业必须为此投放大量资产，如流动资产、长期投资、固定资产、无形资产和其他资产等。因此，企业需要加

强资产预算管理，为内部控制体系的建设提供强力支持。

一是企业要根据生产运营需要，构建一套科学的资产预算管理体系，使资产预算管理有章可依，为资产的准确投放、有效投放建立制度性框架。

二是企业要设立专业化的资产预算管理部门，配备专业化的资产预算管理人员，改变过去资产预算管理人员由财务人员、会计人员、管理人员等兼任的做法，以增强资产预算管理的专业化水平。

三是企业要细化资产预算管理指标，将其合理分配到各个部门、各个生产单位，并明确其中的权、责、利关系，以保证资产预算管理目标能够顺利实现。

四是企业要认识到信息化技术在促进资产预算管理中的作用，加大对信息技术的引入力度，提高对运营信息的整合能力和分析能力，提高资产预算决策和内部控制决策的精准度。

（六）通过提高预算风险防控能力，来提高内部控制风险防控能力

市场环境是不断变化的，无论企业的全面预算管理做得多么完善，也无法彻底规避市场风险。鉴于全面预算管理与内部控制体系之间的关系，如果预算出现问题，则必然殃及内部控制体系，因此企业提高预算风险防控能力，也会提高内部控制风险防控能力。

一是企业应充分利用好全面预算管理与市场捆绑度高的有利一面，培养敏锐的风险洞察力，保持敏感的风险防范意识。

二是企业要构建风险防控预警系统，设立风险防控专项部门，不给风险扩大提供机会，尽量为风险防控多争取一些缓冲的时间。

三是企业要建立风险防控评估体系，通过对风险评测，将其划分出不同的等级，如紧急而重要、紧急而不重要、重要而不紧急等，提高风险防控的针对性。

四是企业在做好外部风险防控的同时，还要做好内部的管理风险、产品风险、营销风险、财务风险、人事风险、组织与管理风险等防控。

（七）为全面预算管理和内部控制体系构建严格的内部审计保障机制

在企业生产经营活动过程中，内部审计是查找漏洞的单位，所以内部审计要担起为全面预算管理和内部控制体系保驾护航的重任。企业内部审计管理是由很多要素共同作用、相互联系而构成的一个有机体，如计划管理、质量管理、信息管理、档案管理、科

研管理、培训管理和人事管理等，都是其重要组成部分。一项健全、完善的内部审计机制，能有效增加审计工作的组织性、计划性、指导性和监督性，有助于审计工作的独立、有序开展，有效保证审计工作的效率和质量。

一是企业应设立一个能够对经营者产生有效制约的、由非经理人组成的内部审计机构，还要将其作为监事会的常驻机构，赋予内部审计部门向董事会行使报告的权力。

二是企业要为内部审计人员创造深造、学习新知识的机会，要求内部审计人员具备及时掌握和运用国家新的财经政策法规的能力，以保证审计水平领先于预算水平和内部控制水平。

三是企业要提高内部审计人员的抗腐蚀能力，要严防当权者和利益关联者对审计人员的工作造成干扰。

四是在必要时企业可以引入外部力量，如审计师事务所、会计师事务所、税务师事务所等，来保证审计工作的客观性和公正性。

（八）构建切合实际的全面预算管理评价系统

全面预算管理与内部控制体系具有目的的一致性，构建有效的内部控制体系要以有效的全面预算管理作为先决条件。一般来讲，企业对全面预算管理的执行，习惯采用规章制度或准则的方式，这种管理方式的优点是强调了全面预算管理的客观性和规范性，但也有不足之处，就是忽视了对全面预算管理工作人员主观能动性的调动，因此即使企业已经有了完善、健全的全面预算管理规章制度或准则，仍要通过构建一套符合主客观需要的全面预算管理评价系统，来激发工作人员的积极性，并以此提升全面预算管理的质量和效率。

一是企业要做好对相关文献的查阅工作，结合其他企业的成熟经验，初步确立备选指标群和调查问卷。

二是企业要组织专业人员对回收的问卷进行统计、分析，从中得出重要程度较高和离散程度较低的指标，以提升指标群的合理性和认可度。

三是企业要做好对指标相关性和问卷信度、效度等的分析工作，以确保指标的相对独立性和问卷的有效性。

四是评价系统构建方案须经企业高层会议通过后，方可付诸实施。

以全面预算管理为导向，企业可以对生产经营活动各项费用支付情况进行预判，先以实际发展需要为根据，对生产经营活动所要达成的目标进行设定，然后再将目标具体量化、细化到各个部门、各个责任单位，并做好对各个部门与各个责任单位之间目标落实情况的协调与监管工作，企业还可以尽早发现内部控制体系中存在的问题，并根据风险评估结果，决定是否发出预警以及预警的等级，及时消除风险，从而实现对企业经营情况的有效掌控。

第五章 大数据时代预算管理的创新应用案例

第一节 大数据时代预算管理与传统预算管理的联系与区别

一、传统预算管理

20世纪20年代，传统的预算管理在美国杜邦、通用汽车等公司产生以后，作为一种标准作业程序一直沿用至今，并对现代工商企业的成熟与发展起到了重大的推动作用。随着经济全球化的推进和行业竞争的加剧，企业组织的核心由财务控制逐步转变为战略管理，这种基于授权和问责的适应性组织应需要一种全新的管理程序，如果仍然依赖传统的预算程序及相关的命令控制型文化，显然会束缚企业的发展，甚至成为企业管理的障碍。

1998年1月，国际高级制造业协会专门成立了一个研究论坛——"超越预算圆桌会议"（Beyond Budgeting Round Table，BBRT）。BBRT视预算为阻碍公司有效运作的主要祸根，并提出一套"超越预算"模式的原则和方法，构造新的组织管理控制系统。为什么传统预算管理招致如此严厉的批评呢？原因在于企业的运行环境发生了巨大变化，而此时大多数公司所采用的预算方法与早期没有重大的区别。在早期，公司经营的环境与现在人们熟知的环境大相径庭，那时市场处于供方主导地位，不需要参考顾客的选择要求。另外，在局部地区，几乎没有业务活动，财务环境相对稳定，因此不存在全球化问题。商业运作的主线是预算控制。企业高级管理层负责制订计划，员工则严格遵循常规的步骤，执行控制报告中的要求，并注意具体执行过程与那些经过仔细编制的计划之间的差异。员工会将需求链的信息反馈给企业的高层，从而帮助高层制定新的计划来处理出现的问题。而今天，企业的经营环境发生了巨大的变化。全球化意味着所有行业的竞争日益激烈，顾客的选择不再受到限制，他们可以自由获得信息，至少可以说当前的经营环境不够稳定、变化速度过快，人们尝试从控制的时代发展到授权的时代。在这种环境下，预算通常刚刚制定出来就已经过时了。预算在新的经济环境中已经呈现一定程度的不适应，这些不适应表现在以下几个方面：

（一）战略的体现力度欠佳

预算是战略与执行的桥梁，预算要体现战略、支持战略。传统预算在体现战略方面有三个问题：

第一，预算柔性欠佳。在多变的环境下，"规划型"战略需要向"适应型"战略转变，战略管理的重心已经不在于长远的规划和安排，而是要保证多变环境中的柔性和尽可能消除发展过程中的不确定性。战略模式的转变呼吁预算模式的创新。传统模式强调预算的"刚性"，尽管也有"预算调整"这种使预算具备柔性的手段，但除非是预算所依赖的外部环境发生巨大变化，否则"预算调整"不会轻易使用，而即便进行调整，烦琐的"申报—研讨—批准"流程也往往使商机丧失。

第二，预算目标往往是"内向型"的，缺乏对竞争对手的关注，不利于竞争战略的贯彻落实。传统预算目标的制定，往往倾向于"看后、看自己"，而不是"看前、看对手"。预算年度目标往往是以上一年完成数为基础向上浮动若干，对未来市场和竞争对手的关注过少。

第三，过度侧重"财务数字"的预算，而忽略"非财务数字"的预算。预算是计划的数字化形式，但多年来实务界一直有把预算等同于财务预算的倾向，原因就在于非财务指标很难与财务指标建立数量关系，而且非财务指标内部也缺乏这种数量关系。这种数量关系的缺乏使得传统预算将非财务指标排除在主流之外。战略需要体现在企业多个层面，如人力资源、内部流程、客户服务等，也正因为如此，传统预算在体现战略方面并不得心应手。

（二）预算自身功能之间的矛盾

传统的预算管理被用来同时满足两个方面的需求：一是通过计划与预测，在组织内部合理分配资源（主要是资金资源），实现物流、资金流在组织各个环节的平衡，从而有效降低资源的使用成本；二是根据组织战略，制定相应的预算目标体系，并通过对预算目标完成情况的评价激励，保证目标的实现。然而，学者们的研究和一些企业的实践表明，预算的上述两种职能会相互抵消：

第一，用来进行资源配置的预算首先要求的是准确性，应当是现实的、最有可能实现的预算，这样才能避免资源配置的失误和浪费，这种职能下的预算注重的是"客观实际"，但业绩目标应该是"难的但又可通过努力实现的"，如果预算要承担考核评价的职能，预算的侧重点就应该是"主观要求"和"客观实际"。

第二，当预算用于资源配置时，预算必须随着环境的变化而不断调整，资源规划预算特别强调"柔性"，但考核目标一旦确定，就必须保证其严肃性，一般情况下目标不会更改，除非内外部环境发生重大变化，因此根据预算进行考核时，就必须有一定的"刚性"要求。

在产品经济时期，厂商的支配力强、消费者的选择余地小，企业的内外部环境相对稳定，预算的资源配置功能与考核评价功能的矛盾并不突出，预算在两个方面都能起到很好的作用。但随着技术的进步和市场竞争的日益激烈，消费者的主导地位开始显现，原本稳定、可预测的经营环境变得不确定了，企业经营的不稳定性明显增强。现代企业要在不断变化的环境中有效地发挥作用，就要具有对变化不断反应及适时调整的能力，在这种背景下，预算如果同时用于资源规划和考核评价，不协调就会变得非常明显。

（三）预算余宽

当以预算作为业绩评价标准时，通过"董事会提战略要求—经理人申报预算—董事会批复"的基本程序，经过"由下到上"再"由上到下"的几经反复的预算编制过程，董事会和经理人会"博弈"出一个预算目标，这一预算目标就被当作考核的基准。如果说企业股东的期望目标尚且带有一些主观色彩，那么经理人在预算目标的博弈中更多考虑的是其实践的可行性。经理人的行为预期可以概括为在尽可能多地占有各种资源的条件下，完成其预期尽可能低的目标。"宽打窄用"是经理人预算行为的最好体现，这就是所谓的"预算余宽"。

"预算余宽"不但存在于股东与经理人的博弈之中，而且存在于任何管理层级的上下之间。事实上，预算目标的确定是一个讨价还价的过程，是涉及各方面利益调整的过程。"预算余宽"不仅使预算功能大打折扣，而且破坏了组织内部的诚信文化。

（四）耗时、耗力

全面预算是一项系统工程，涉及业务、资金、人力资源等方面，这一特征决定了预算工作的复杂性。ERP 等管理信息系统虽然使预算技术层面的工作量大大减少，但在预算目标确定的过程中，上下级之间的博弈、沟通过程仍旧既复杂又费时。

二、大数据应用与全面预算管理的关系

（一）大数据应用为企业提供了更多的信息和资源

大数据的运用，可以全面提高企业全面预算管理体系的完善程度，从根本上改变企业获取信息的方式、分析信息的手段、传递信息的途径及处理信息的方法。大数据并没有改变全面预算的流程，但促使其基础数据及数据来源发生了根本性的变化，将使全面预算的编制更加多元化。而大数据时代的全面预算管理，能够利用互联网将企业的大数据进行存储、抽取、分析等一系列操作，也能利用云会计服务平台，比对同行业的数据信息，形成企业的行业数据、历史执行数据、指标数据等重要数据基础。

（二）大数据能保障全面预算的管理和实施

首先，运用大数据能提高企业预算编制的水平，在大数据云会计服务端能将企业的所有经营数据、财务数据进行整合和处理，并分析出更加合理的、切合实际的预算规划。同时，企业在编制全面预算时利用大数据云系统，也能提升其效率，充分发挥系统的作用。

其次，运用大数据能优化企业全面预算的流程，建立起企业的宏观系统规划，加强有效控制。

最后，大数据与全面预算能相互促进，运用大数据可以促进企业建立全面预算的数据中心，而企业也能推动大数据云会计的进一步发展和应用。

此外，全面预算也能为大数据提供更多的数据来源，两者是相辅相成、相互结合、相互实现的关系。

三、大数据时代下从传统预算到现代全面预算的改革

在市场经济的推动下，各行各业的数据资源呈现逐年上升的发展趋势，数据越来越

复杂，规模在不断扩大，企业如何从海量的数据资源中挖掘出有效的数据信息，已成为企业战略决策的重要因素。企业在管理数据信息时，不能只局限于数据的整理和收集，还要加大数据信息挖掘的力度，将精确的数据信息融入预算管理中，降低数据信息的低频性和滞后性，确保企业各项经营活动的顺利开展及有效组织，以实现企业的战略目标。因此，在大数据时代，企业加强全面预算管理改革具有必要性。

（一）大数据时代财务数据的特点

1. 财务数据定义存在困难

在大数据时代，财务数据拥有海量的数据信息，数据集群和规模逐渐向高速方向扩张。现阶段，传统的财务数据定义已经不能直观地展现财务数据的特点，但是财务数据又处于不断变化之中，导致在给财务数据下定义时存在困难。

2. 财务数据整合难度大

在大数据时代，企业产生的数据多且速度快，数据的整理、搜集及处理仍然存在很多问题。随着企业的快速发展，预算管理数据的涉及面越来越广，在同一时间内，财务数据的生成量较大，有效数据和无效数据杂糅在一起，增加了人们辨别及整合数据信息的难度，降低了数据信息的使用价值。

3. 财务数据信息处理要求高

在大数据时代，企业的财务数据信息呈现类型多、体积大、价值密度低等特点，增加了财务数据信息的处理难度，对财务信息处理的精确性和及时性提出了更高的要求。现阶段，面对财务数据的瞬息万变，企业要想做好财务信息预算管理工作，就必须对财务数据信息处理提出更高的要求。

（二）大数据时代应用传统预算管理存在的问题

1. 忽视战略整体目标

传统的预算管理重视财务目标，预算管理体系中的执行、编制及控制都以财务结果及目标预算为导向，不重视现金流指标、成本指标、利润指标等战略整体目标。这些指标具有一定的战略性，企业将实现目标价值最大化作为核心发展目标，但传统预算管理目标未体现出企业的整体战略思想，在预算目标上难以展现以顾客为导向的战略思想。

2. 预算编制方法不合理

传统预算编制方法是在历史数据的基础上对数据进行增量、减量，但对如何正确增量和减量没有科学合理的方法，思维及逻辑也不清晰。同时，企业因受市场变化的影响，致使各项管理活动也受到较大影响，导致企业的预算编制方法与实际经营情况相脱节，预算执行效果不好，难以提升企业预算管理的效果，不利于企业实现预算管理目标。

3. 预算执行难以全面落实到位

预算编制时间跨度长、涉及面广，通常以年为单位，受市场经济影响较大，难以准确预测下一年的所有问题。同时，预算编制还受企业预算管理水平的影响，以月为单位的财务预算频率存在信息反馈滞后、预算执行措施调整不及时等问题。

由于企业的各项预算执行工作全部建立在制度管理的基础上，而制度执行建立在监督体系、组织架构及考核机制的基础上，且由于预算执行没有建立细化的考核指标体系及有效的监督体系，导致企业没有对预算执行过程进行及时纠正和指导，给预算执行力的有效落实带来较大的影响。

4. 缺乏整体规划

传统的预算管理在对企业各项经营管理工作进行整体规划时，没有以战略为起点，建立在微观市场经济及宏观市场经济环境下，缺乏对企业经济活动的整体规划，导致企业预算管理出现本末倒置现象，无法确保企业长期战略目标顺利实现。

（三）大数据时代传统预算管理的改革

我们不能因为上述的批评而废弃预算，这种批评是有益的，它为传统预算管理的改革指明了方向。我们改革的思路是吸收新的管理思想，融合其他组织非财务资源，并有助于提升内部管理价值的管理工具，建立以价值创造为目标导向、以平衡计分卡四个维度为平台、以作业管理为基础的全面预算管理。

1. 目标导向的转变

传统的预算管理以财务预算控制为核心，以"命令—控制"为导向。在这种导向下，按以职能划分的责任中心（部门）编制资源计划，在预算执行中，更侧重于是否突破费用预算。

传统的预算管理与业绩考核相结合，一方面，造成预算编制过程中漫长的讨价还价；另一方面，造成基层执行者不能发挥管理的主动性和创造性，不利于人本管理。同时，这种导向的预算管理由于侧重财务指标的控制，难以把握预算的使用与企业战略和目标的相关性，不能充分诠释战略意图，也难以真正准确地衡量具体的业绩，显然不利于企业价值的提高。

以价值创造为导向的预算管理模式，其核心是突破单纯的财务指标控制，为实现价值增值的行动方案分配资源，其相应的考核不是以超支与否作为评判业绩的标准，而是以是否有效创造价值为依据。

所谓创造价值，就是有效地实现战略意图。在这种模式下，我们应将战略目标指标化，进而形成各指标的目标（当然，这些指标不是单一的财务指标，而是包含了大量的非财务指标），并为这些指标的实现确定行动方案、分配资源。行动方案及其所分配的资源用以协助战略目标的实现，其本身并非目的。

各行动单元必须为行动说明理由，是否有利于价值增值、有利于战略目标的实现，进而决定行动的取舍。这既调动了各方面的积极性、创造性，又有效地把预算与长期战略联系起来。

2. 以平衡计分卡四个维度为平台

预算作为一项行动指南、资源优化工具，需要一个框架体系。在价值增值这个目标导向下，预算指标体系的设计必须体现战略目标，而平衡计分卡为其提供了这样一个平台。平衡计分卡是 20 世纪 90 年代初期由 Robert Kaplan 与其合作伙伴 David Norton 创建的一套旨在扩展管理者关注点的新的管理会计方法，发展至今，它已成为战略管理的有效工具，一种整合短期行为与长期战略的重要工具。

平衡计分卡所设计的指标体系可以向外部利益相关者传递各种结果，有助于企业实现其战略目标。作为一种战略管理评价、沟通的工具，其不但要考虑财务指标，而且要考虑顾客、内部业务流程、学习与成长三个维度。

尽管平衡计分卡最初是作为评价系统而设计的，但后来演化为企业充分利用其潜能的一种战略管理系统和有力的沟通工具。将平衡计分卡与预算、报酬等重要的管理过程相结合，有助于克服战略实施过程中的种种障碍。

平衡计分卡与预算管理的联系如图 5-1 所示。

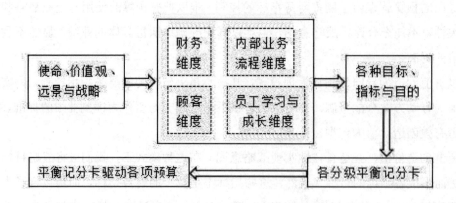

图 5-1　平衡计分卡与预算管理的联系

首先，企业组织基于其使命、价值观、远景与战略，建立高层次的企业平衡计分卡。该计分卡包括一系列相关的目标、运用因果关系说明企业组织的战略。

其次，围绕着高层次的平衡计分卡，业务部门、共享服务单位及员工个人建立自己的平衡计分卡，说明他们是如何影响企业目标的实现的。每个分级平衡计分卡包括了四个维度的目标、指标和目的，还包括每个团队为了实现目标而实施的各项行动。

通过对目标、行动的时间、组织分解所建立的一套平衡计分卡，为资源的有效分配提供了舞台。

3. 以作业管理为基础

良好的战略目标及当期目标最终都要落实到具体的行动及行动团队之中。传统预算是每个职能部门或支出类别的成本预算，其重点在于成本的构成要素，如材料、人工、制造费用等，业绩目标仅仅传递到资源层次，关注所投入的资源；强调各部门相对独立的权、责、利，每个部门的个体都只关注部门利益的最大化。另外，传统预算以成本为基础，强调变动成本和固定成本的划分，并重视变动成本的控制。很显然，传统预算将导致上一年的无效率依然保持，忽视部门之间的合作，无法说明目标如何实现，资源分配模糊，使预算无法指出可以消除的成本和浪费的作业及业务，无法说明多余的工作的负担所在，也就无法减少其消耗。这样，预算作为行动指南，不能把人们的行动引向价值的创造、战略目标的实现。

近年来，作业成本计算法作为一种将间接成本和辅助资源更准确地分配到作业、生产过程、产品、服务及顾客中的成本计算方法，已被会计界普遍认同，并进一步升华为以价值链分析为基础、服务于企业战略需要和增值目标的作业基础管理。这种基础管理由于在企业管理上存在重大开拓性而被企业界广泛接受。但是，企业在预算管理中仍采用传统的按职能编制预算的方法，这必然导致按作业报告确定的实际成本与按职能确定的预算成本之间不协调，不利于预算的控制，也不利于价值的创造。

作业基础预算是确定企业在每个部门作业所产生的成本。明确作业之间的关系，并运用该信息在预算中规定每次作业所允许的资源耗费量，能够有效降低作业成本。战略目标和职责的落实，依靠每个分级体系的作业及其流程。以平衡计分卡四维度为平台的价值增值目标，经过高层管理者与基层作业中心之间充分的沟通、分解，最终落实到各个作业中心。把预算落实到作业基层，可以帮助每个作业成员更好地理解所从事的作业和业务流程。以预算形式表现的价值驱动计划提供了实现价值创造的特定技术，大大提高了预算的准确性及预算执行、控制的可操作性。

另外，以作业为基础的预算可以促进作业管理的有效进行。作业管理就是利用作业信息进行战略性和经营性决策，对增值作业进行评价，其基础是价值链分析。价值链分析是通过分析作业链上的作业对最终产品价值的形成是否必要，以消除不必要的非增值作业。通过对作业预算执行情况的预算控制，企业可以有效地促进作业管理。

预算控制可分为两种形式：一种是前摄性控制，另一种是反馈式检验。前摄性控制是面向未来的控制，包括在作业预算的编制过程中设定经营目标、业绩计量标准及业绩评价与考核标准，它是建立在流程优化和作业分析基础之上的，其实质是通过作业链的分析确定本期最优的作业组合，是对作业管理的理想预期。反馈式检验是对预算的实际执行情况进行计量，并将计量结果与责任预算标准进行对比，对出现的偏差及时反馈。反馈式检验可用于检查作业管理的成效，并为作业管理提供信息依据。

第二节 大数据时代给预算管理带来的机遇和挑战

一、大数据时代对全面预算管理系统的影响

（一）推动企业建立数据管理中心

传统的预算编制往往根据企业自身的数据及上级管理部门当年的业绩要求编制，根据预算执行情况反馈，有时到了年末，还会被年度预算的要求束缚。例如，预算执行部门只是争取达标一点点，而不是达标很多，因为这样做可以减少下年度预算考评的压力，使得部门的主观能动性大大降低。

另外，预算编制活动往往由财务部门单独完成，根据自身的财务数据加上一点经验判断作出预算的方案，显得过于局限和片面，并且缺乏企业整体的参与，容易使预算管理工作脱离实务，导致精确度下降等问题出现。因此，身处于大数据环境下的企业，面对海量的数据、快速的数据更新及数据的多样性，仅凭借财务部门自身的能力和现有的技术，恐怕很难编制出适合企业发展战略的全面预算，很难胜任全面预算管理工作，因此企业全面预算管理工作急需"帮手"。

企业可以设立大数据管理中心，全权负责数据的收集、分析和处理，形成企业自身拥有的数据资产，为战略目标的制定提供宝贵信息资源，为预算编制、预算执行、预算评价及预算调整的闭环全面预算管理系统提供更全面、更高效的数据支持。由于数据更新存在时效性，大数据管理中心使得预算活动的控制不再仅仅依靠事后评价，还可以进行事前、事中和事后全过程的参与、监督和调整。

大数据的信息挖掘技术不仅可以在提升预算管理水平的同时降低预算编制成本，而且可以将企业大量的信息资源转化为可以利用的信息资产。此外，大数据管理中心共享职能使预算管理活动不仅仅是财务部门的事情，企业各部门都能够参与配合，达到能力累积的"1+1＞2"的效果，提高企业的核心竞争力。

全面预算管理系统因数据管理中心的支持延伸至战略领域，通过与各部门协同，共同对企业的经营决策起到支撑作用。

（二）对全面预算管理编制系统的影响

在现在备受推崇的基于平衡计分卡的全面预算管理系统下，虽然将预算编制的范围拓展到了非财务维度的考察方面，避免了以单一财务维度进行考察的弊端，但是在实际工作中，由于非数据获取受限和所获取数据类型大多是单一的结构化数据，使得预算的基数不够全面，对于预算指标的设计，容易出现纯粹的各种财务指标的简单堆砌和一般的定量分析，对非财务指标也仅限于依据日常观察的所见所闻而制定。

即使有的企业是以发放调查问卷的形式来分析客户和员工的满意度，但问卷题目的设置难免掺杂着设计者的主观想法，甚至不排除人为蓄意操作的可能，降低了预算编制的可靠性，致使调查结论过于单薄、片面等，给全面预算管理指标的编制带来不良影响。

在大数据环境下，特别是云会计概念的推广，实时、动态和个性化服务是传统预算管理无法比拟的优势。大数据管理中心平台拓宽了预算编制数据获得的途径，扩充了数据类型，提升了基于数据说话的客观性。例如，企业通过与供应商的谈判议价结果，可以为采购预算编制提供参考；通过社交媒体上的消费者评论、习惯，为客户层面的预算管理提供帮助。这样的预算编制活动才可能从企业实际情况出发，量身定做符合企业自身发展战略的预算管理方案，实现企业的"个性化"服务，进而保证预算工作的科学性和精确性。

（三）对全面预算管理控制系统的影响

在通常情况下，预算编制工作完成以后，预算指标就会下达给各预算执行部门，预算控制工作就开始了。在传统的预算控制模式下，预算管理的各个环节更多地依靠手工建立和人工信息传递，强调预算作为绩效考核的依据，除特殊原因外，后续一般不做预算调整。但是没有高效的数据平台促进数据的交换和共享，信息传递就不可避免地存在滞后性，如果预算执行情况与实际情况存在严重偏差，预算控制不能及时到位，将影响预算执行的效果。

在大数据环境下，预算数据更新的时效性大大提升，应用大数据相关技术，可以对企业的每项生产经营活动进行监控，使相关数据可以及时被记录和保存下来。在预算控制环节中，每项业务一旦开始，相关的数据就会产生，在活动实际情况与预算目标预估存在偏离的情况下，控制工作就应该展开，及时调整某项业务的进展，避免严重偏离预算目标。这是对预算执行过程的适时控制，即强调预算作为企业内部的沟通载体，强调部门之间的协作。

（四）对于全面预算管理评价系统的影响

传统的预算评价工作就是期末预算期结束后，企业对本年的经营成果与预算目标进行对比、评价，考核预算完成的情况，得出经验教训，从而为下一年度的预算工作做铺垫。这样的预算评价机制最大的问题在于，预算评价局限于对期末经营成果的定量评价，但对于无法用财务数据衡量的成果的预算评价，即预算执行过程的各部门的执行情况、企业预算管理的效率、危机处理机制的反应能力的定性评价来说，是残缺的。

由于大数据可以实时记录企业在预算执行过程中的数据信息，将预算编制系统拓展到了非财务维度，因此大数据对于预算评级系统的影响除了定量的评价财务成果以外，还可以根据预算中的实时数据对非财务成果进行定性评价。

二、大数据时代给预算管理带来的机遇

（一）财务预算决策科学化

在大数据时代，财务预算负责进行数据收集和分析，而不是依赖人的经验和直觉，通过对数据的分析来获取决策依据，为决策方向转变提供科学、准确的信息，使得财务决策能够更加精确、精准、科学。财务管理也是建立在数据支持的基础上的，尤其是利用大数据对财务规章制度进行处理和分析，寻找规律，让数据处理结果转变成决策意见，为高层管理者进行决策提供支持。

（二）挖掘财务价值信息

在大数据时代，财务人员需要应用大数据进行更广、更深的社会大数据收集，整合社会零散的数据，将无序的数据转变成有价值的信息，对财务价值信息进行深挖。

（三）提高财务管理效率

在大数据环境下，企业预算管理的信息量越来越多，因而财务人员很难对收入和支出进行全面管理控制。财务人员过去的报销、核算、资金操作都比较繁杂，而现在就能够将精力投入预算管理中，根据企业的需求和发展方向制订更加科学的计划，使得财务预算管理和审计工作更加精确、细致，进而使企业预算管理工作效率得到极大提升。

三、大数据背景下预算管理面临的挑战

大数据是一把"双刃剑",能够给企业提供机遇,也给企业带来了挑战,主要体现在以下几个方面:

(一)增加财务处理压力

在大数据时代,企业财务管理的信息量比较大,对其进行分析,能够挖掘出更加有价值的信息。财务管理信息资源复杂多样,传统的管理方式是单纯地分析和管理内部数据,信息类别不够丰富,精确度较差,财务人员的信息处理压力不高,而在大数据时代,财务信息来源广、复杂、庞大,给财务人员带来较大的压力。

(二)数据甄别难度大

在大数据环境下,信息量呈爆炸式增长,财务信息的准确度有所降低,企业外界和内部的环境都有了非常大的变化。从大数据理论来看,如果只是寻找规律,就会造成数据的科学性不足,这会对企业的管理及财务决策产生影响。因此,财务人员应该仔细甄别,但因数据过多、难度较大,使得数据失真和预算失误情况屡有发生。

(三)财务信息安全性低

传统的财务管理工作的核心是财务实名注册,对网络数据进行管理,如果企业财务信息被泄露,就会被及时发现和制止。在大数据环境下,财务数据增长快速,获取渠道广泛,财务信息处理较困难、流程较复杂,可能会造成财务信息泄露。财务信息的安全性降低将会对企业的财务管理产生不利影响。

第三节 大数据环境下 H 公司全面预算管理系统研究

传统的预算管理已经难以满足大数据时代集团化企业的全面预算管理需求，在一定程度上影响了集团化企业内部资源的整合力度与效率。本文以某省大型国有燃气企业 H 集团为研究对象，对其预算管理现状进行分析，提出大数据视域下企业实施全面预算管理的优化对策，以期为其改革及实施全面预算管理提出改进建议。

构建集信息、战略、人本为一体的现代化全面预算管理体系，是现代企业财务管理的发展趋势。全面预算管理于现代企业经营管理而言，重要性不言而喻，立足企业可持续经营与发展角度，全面预算管理有助于企业增强管理水平、提升市场份额与竞争能力。大数据技术的发展给集团化企业的全面预算管理带来了机遇与挑战，借助于大数据技术，实施全面预算管理的创新及优化管理是本文的研究重点。

一、H 集团全面预算管理现状

H 燃气集团于 2020 年 9 月经某省委省政府批准成立，是某省内三家燃气企业重组设立的国有独资企业，注册资本金 80 亿元。截至 2021 年 4 月，H 燃气集团资产规模达910 亿元，在职职工 2 万余人，拥有两家上市公司，成为某省上游煤层气资源最多、抽采能力最强，中游管网占比最高、储气调峰能力最优，下游市场份额最大的大型省属燃气市场主体。集团重组后，随着资产规模的扩大及业务板块的分散，加之管理层级与员工队伍的增加，使得企业内部的工作方式和工作内容变得多元化，构建集权与分权相结合的全面预算管理体制迫在眉睫。

（一）H 集团全面预算管理架构

在做大、做强、做优、做精的企业经营目标之下，为满足市场需求，H 集团开始实施转型与改制，逐步完善集团全面预算管理控制体系与思路，如图 5-2 所示。

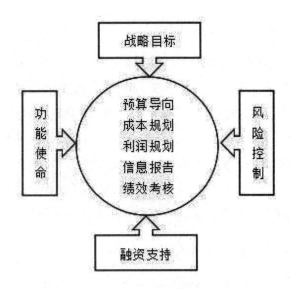

图 5-2　H 集团全面预算管理与控制思路图

　　H 集团构建了包含其下属分子公司、各职能部室的全面预算管理体系，明确了总部预算管理委员会、业务板块中心、各职能部室在全面预算管理中的职责、权限及预算内容。集团总部预算管理委员会为预算管理、审批的职能中心，H 集团全面预算的内容包含经营、资金、投资、财务四大板块的预算。各业务板块中心、职能部室于每月 25 日前结合下个月经济活动与投资动态等，将下个月预算报总部预算管理委员会审批，总部预算管理委员会立足集团发展战略，本着集团资金价值最大化、成本最优化的原则，审批业务板块中心的月度资金计划。集团下属机构以批准的资金预算作为业务板块中心经济活动指南，总部预算管理委员会按照季度对各业务板块中心预算执行情况进行分析与通报、跟踪与监督，以提高集团的资金预算执行的效果。

　　在资金预算执行的跟踪与监督方面，采用绩效考核管理办法，激励与约束各业务板块中心的各项经济活动和责、权、利等，形成相互制约与相辅相成并行的管理机制。业务板块中心的预算管理、成本导向、利润规划、绩效考核等必须接受集团公司的战略目标、风险管理控制、融资规划的严格管理控制，也就是业务板块中心必须以集团战略目标为核心开展经济活动，集团对各下属机构的经济活动提供融资支持，并对其投资风险进行管理控制。

（二）H集团全面预算管理组织

集团董事会领导下的预算管理委员会负责全面预算工作的组织、领导、决策等工作。集团财资管理处负责牵头编制集团年度预算，并根据预算管理委员会的审批，执行、监督、管理控制集团及下属机构的预算。除此之外，集团财资管理处还要结合集团战略规划，编制与执行集团资金预算，并将集团各责任机构的预算执行进度与执行效果反馈给预算管理委员会、职能部门、板块中心。集团财资管理处下设资金管理中心、核算管理中心、清算管理中心等分工专业的执行中心，并行使与承担相应的权责。集团各板块中心负责管辖范围内的子公司年度预算、月度预算的汇总与初审。

（三）H集团全面预算编制流程

全面预算的编制流程从预算大类的逻辑关系来看，经营预算与资本预算是基础，之后才是资金预算与财务预算。H集团基于这一逻辑，本着预算信息流转是从业务数据到财务数据的过程，开展全面预算工作。预算的编制流程大致如下：

（1）由集团预算编制委员会提出总目标，并下达规划指标。

（2）各基层单位成本控制管理人员草拟预算。

（3）各部门、各业务板块职能中心汇总预算，编制生产、销售、财务等预算。

（4）提交预算委员会审查、平衡预算。

（5）经集团总经理办公会批准，审议机构通过或驳回修改。

（6）主要预算指标要通过董事会决策。

（7）批准后的预算下达各部门、各子公司执行。

二、H集团预算管理中存在的问题

（一）预算目标缺少纠错机制

全面预算管理涉及企业各项目标的确立，不仅包括企业的战略实施目标，而且包括集团内部各个组织及单元的经营目标，而全面预算管理的执行便要以目标为核心开展，对全面预算管理的调控实质上是对企业目标的调控。

由此可见，实施预算是整个全面预算管理的关键点，现阶段H企业在编制目标时，由于涉及各业务口、各部门、各子公司的基础数据过多、过于复杂，加之编制方法单一，难以做到细致分析。

此外，由于外部环境变化较大，燃气行业发展日新月异，在预算工作中，多数基层单位凭借主观经验，对具体业务的理解较浅、专业水平不高，要么预算偏保守，要么预算较激进，最后导致预算与企业实际经营状况不相匹配，预算成为形式主义，无法起到促进与约束生产经营活动的重要作用。

因此，对于 H 集团而言，预算纠错的管理水平亟待加强。

（二）预算的全员执行基础薄弱

全面预算管理就是企业全员统筹与协作的一项工作，从预算的编制、审核、执行、纠偏、管理控制、分析、考核等各个环节，均要与企业的经济活动相适应、相匹配。H 集团于 2020 年重组后，业务单元多元化、组织结构庞大，整个预算管理流程节点多、时间长，导致工作效率低下，并且存在管理失控、预算偏差较大、执行结果不尽如人意等问题。因此，构建以全员执行为核心的预算管理机制迫在眉睫。

（三）实时考评措施简单粗放

目前，H 集团在预算管理的绩效考评方面，仅是在各公司或下属分、子公司经营目标责任书中设置部分关键绩效指标（Key Performance Indicator，KPI），主要基于预算编制的及时性、精准性等进行考核，分值所占比重较小，无法起到更好的激励与约束作用。因此，缺乏行之有效、科学合理的预算考核机制，是 H 企业全面预算管理的短板之一。

三、基于大数据视域的全面预算管理优化策略

（一）构建基于数据共享体系的全面预算管理体系

随着互联网与大数据技术的发展，H 集团应构建企业内部信息系统，强化对上至集团层面、下至基层单位的数据收集、分析与应用，构建一个覆盖燃气行业背景、市场行情分析、企业内部历史资源等相融合的数据共享模型，同时强化各业务口的专业化分析能力，并将之融入企业全面预算的编制、执行、纠偏、考核等各个环节，提升预算管理的精准性与科学性。

（二）以全面预算管理为根本完善企业信息管理平台

企业全面预算管理必须借助企业内部大规模数据的实时共享与交换，进而帮助企业管理层实时了解企业预算执行情况，从源头上把控重要环节。所以，建议 H 集团基于"互联网+"构建以云计算为基础的全面管理管理控制信息管理共享平台，实现销售系统、财务系统、人力系统、生产系统和互联网技术（Internet Technology，IT）系统等各功能模块的互联互通，确保企业财务系统与各单元的业务系统连通，促进预算关键性数据的连接及企业内部数据资源的实时性与可视化。

一旦企业的经济活动流转至关键环节，管理层可有效基于同步数据分析，实现实时审核，提升工作效率；前端的业务部门可以做到同步预判，前瞻应对；在预算的执行管理控制过程中，相关部门也可以随时对执行进展进行对比分析，找出预算偏差的原因，及时提出纠偏措施等。

除此之外，各业务模块互联互通的综合性信息平台还有助于全面预算管理各环节实现精细化管理，不仅会对企业的工作效率起到极大的促进作用，而且会有效节约管理成本，发挥全面预算管理的最大功效。

（三）完善全面预算管理的考评机制

建议 H 集团在搭建以全面预算管理为核心的企业综合信息管理平台时，可以同步基于预算执行结果，将全面预算管理的考评工具融入其中。结合当前预算执行成果构建适合企业的 KPI 考核模型，例如可以将基于职能部门管理的费用控制率、市场提升率、销气量、回款率、收入增长率、气损率等，纳入各业务单元的关键考核指标。只有将这些关键考核指标与预算指标相关联，才可以进一步提升各层级管理者的目标责任意识，进而有效促进企业经营效率的提升。

四、结语

基于大数据思维的全面预算管理，是现代集团化企业实现企业经营管理的利器。企业管理者必须创新管理模式，善用大数据、云计算等技术手段，构建综合性的全面预算管理信息平台，实现预算管理的精准化，促进业财融合，为企业经营管理效用的提升发挥最大的作用。

第四节 大数据视域下煤炭企业全面预算管理优化对策

全面预算管理是指通过建立健全以促进企业各项资源规范化为目的的控制、协调及考核体系，实施分配、控制和考核，达到企业财务状况、经营成果等战略目标的实现。煤炭企业利用大数据控制平台构建全面预算管理新模式，对数据、信息进行收集和处理，及时制定正确的战略目标和经营管理决策，提供快速而有效的依据，为国有煤炭企业提高核心竞争力，促进战略目标的落地落实保驾护航。

一、现状分析

在传统的国有煤炭企业全面预算管理中，存在管理架构不完整、战略融入性不高、人员覆盖面不全、员工执行力欠佳、过程管理控制力度不够、平台信息化建设不足等问题，阻碍了大数据时代国有煤炭企业全面预算管理的快速、健康发展。

（一）架构完整性欠缺

在国有煤炭企业中，有相当一部分企业没有充分认识到全面预算管理的重要性，未能建立健全相应的组织架构或者组织架构设置不合理，预算管理难以充分发挥其战略权威性和实施的有效性；未能很好地认识到架构的完整性对煤炭企业全面预算管理的重要作用，与全面预算管理相关的规章制度体系不健全，不能很好地发挥全面预算管理在企业发展中的作用。

（二）战略融入性不高

由于煤炭所属企业部分管理层及编制参与人员的战略意识不强，一些执行层对全面预算管理战略性的认识及落实不到位，只停留在内部控制的层面，与企业战略研究深度融合远远不够，导致企业战略发展游离于全面预算管理之外。

（三）人员覆盖面不全

全面预算也是全员预算，但在大型煤炭企业中，受到传统的预算管理体制局限性的影响，企业对预算编制的全员性认识不足，因而组织参与编制人员的覆盖面仅限于财务管理人员及密切相关人员，一些熟悉企业生产、经营的管理人员则游离在编制工作之外，往往导致编制结果不能真实反映企业的实际情况。

（四）员工执行力欠佳

在全面预算管理中，以完成金额、收入、成本、执行情况等为考核指标的考核考评及传统的激励机制，难以调动煤炭企业员工在全面预算管理中的参与积极性及对全面预算管理的关注度，特别是一部分处于关键决策层的管理者的关注不足，也导致执行层的执行力不到位，影响了全面预算管理在企业发展中的积极作用。

（五）过程管理控制力度不够

在传统的上传下达的管理模式下，企业欠缺对全面预算过程的管理控制意识。有的企业缺乏系统性的管理，有些企业尽管编制了可行性的管理制度，但在实际执行过程中，仍局限于财务、经营关键部门，而且往往缺乏针对性的监督与约束机制，甚至监督过程流于形式，严重影响了全面预算管理的执行效果。

（六）平台信息化建设不足

传统的预算编制、执行及考核管理的低信息化，其过程繁杂、效率低下，已经远远不能满足以大数据为基础的信息化需要。利用大数据为企业提供具有战略性和前瞻性的全面预算报告，已经迫在眉睫。

二、优化对策

煤炭企业传统预算管理中存在的上述问题与大数据时代全面预算管理的高速发展需要极不协调，必须利用大数据控制平台构建全面预算管理信息化模式，对企业全面预算管理进行优化，提高企业战略目标的执行力，防范、应对企业经营风险，确保企业实现长远的经营目标和战略目标。

（一）完善体系环境

煤炭企业要充分利用大数据平台，针对煤炭企业全面预算管理组织架构不健全、职责不清晰、执行不协调等问题，进行优化设计，配备高素质预算管理人才，构建运作高效、反应灵敏、执行到位的权威性组织；要针对体系环境存在的问题，按照系统性、层次性原则，对企业全面预算的组织制度和管理制度开展全方位的优化，搭建完善、规范的制度体系。

（二）提高战略站位

企业只有提高大数据和企业战略在全面预算编制管理中的融合度，才能充分实现全面预算管理对企业发展的引领性、前瞻性作用。煤炭企业要通过参观先进典型、学习先进经验等方法，提高煤炭企业决策层对大数据平台促进全面预算管理目标实现重要性的认识，进一步提高企业决策层在全面预算管理中的战略站位；要利用大数据构建的培训平台，加大预算管理先进理论、思想、经验等培训宣传力度，全面提高对全面预算重要性的认识。

（三）强化基础管理

全面预算管理是涉及煤炭企业各部门、各层级的全员、全方位、全过程管理控制模式。煤炭企业要完善大数据的基础设施，实现对内部网络的优化和布局，构建稳定、安全的网络环境目标；打破传统的预算编制局限性，让生产、安全、经营、信息等涉及全面预算的相关部门人员参与编制工作，提高全面预算编制及管理的覆盖面；定期或不定期组织生产、安全、经营及信息技术等全员化培训，逐步提升全面预算管理水平。

（四）加大执行力度

煤炭企业要建立健全以完成金额、收入、成本、执行情况等为考核指标的科学合理考评考核机制和针对性激励体系，就必须利用大数据处理数据、信息等功能，采取财务与非财务、短期与长期、动态与综合等指标相结合的原则；在对预算目标计划与结果进行考核的同时，还要对全面预算组织工作的有序及成效进行考核，全面提升全面预算管理的执行力。

（五）加强过程管理控制

为确保全面预算目标的实现，煤炭企业就要利用大数据平台的支撑作用，进一步强化分解、执行及调整等预算目标的过程控制管理；对预算目标实行精细化管理，指标分解责任到人，确定具体时限，从而形成可靠的预算管理执行保障体系；建立健全对目标执行体系的跟踪监控机制，定期开展执行情况分析，发现执行偏差，立即采取针对性的整改措施；对涉及可能导致执行结果发生重大偏差的预算基础变化，要及时对全面预算目标进行调整。

（六）构建信息平台

在大数据视域下，煤炭企业应充分发挥大数据技术的作用和价值，利用大数据时代的自动化及相关业务数据对接的信息化高效集成平台进行量身定制，构建集编制、执行、分析、预警及考核等多功能于一体的低强度、少误差、高工效的全面预算信息化系统，提高资源整合和利用水平，为企业提供准确、高效的战略性和前瞻性的全面预算报告。

（七）建立预警机制

煤炭企业要建立健全全面预算管理风险预警机制，实现对指标执行过程中偏差的管理控制，并进行分析讨论，以此作为预算指标调整及问责的确定依据；要对全面预算管理的战略目标进行实时追踪，根据实际情况随时进行科学、合理性的调整；要确保内部控制与全面预算管理无缝衔接，就必须对企业内部控制制度不断进行完善，从而有效防范由于内部控制而导致的全面预算管理风险。

利用大数据平台优势构建企业全面预算管理框架，是全面预算管理发展的新特征和新方向。

参 考 文 献

[1]张晓莉. 企业预算管理与预算机制的环境保障体系的构建研究[J]. 现代经济信息，2019（6）：177-178.

[2]木青兰. 企业财务成本预算管理及控制研究[J]. 现代经济信息，2018（17）：246.

[3]宗瑛. 论企业预算管理与预算机制的环境保障[J]. 全国流通经济，2017（26）：65-66.

[4]苏欣士. 提升企业预算管理建立健全预算机制保障体系[J]. 财经界（学术版），2016（18）：103+317.

[5]刘圣. 煤炭生产企业全面预算管理构建与实施研究：以 JN 集团野川公司为例[J]. 时代经贸，2019（35）：69-70.

[6]劳梦倩. 作业成本法融入企业全面预算管理研究[J]. 东南大学学报：哲学社会科学版，2019，21（增刊 2）：118-123.

[7]黄丽君. 以战略导向为基础的军工企业全面预算管理研究[J]. 中国乡镇企业会计，2019（12）：50-51.

[8]衷俊华. 全面预算管理在企业管理中的应用：以江铃汽车集团有限公司为例[J]. 财会通讯，2019（35）：94-97.

[9]廖金花. 关于企业内部控制管理问题的思考：以上海华泰有限公司为例[J]. 中国商论，2019（22）：147-148.

[10]石芬. 试论企业全面预算管理的必要性及措施[J]. 大众投资指南，2019（20）：86+88.

[11]胡杏子. 企业推行全面预算管理存在的问题及对策探讨[J]. 中国集体经济，2021（11）：45-47.

[12]谭洁. 上市制造企业全面预算管理常见问题与改善措施[J]. 中国乡镇企业会计，2019（6）：68-69.

[13]雍琳. 企业财务全面预算管理内容、意义及改进措施探讨[J]. 纳税，2018，12（36）：108.

[14]闫亚静. 分析企业财务全面预算管理内容、意义及改进措施[J]. 今日财富，2017

（24）：64.

[15]许春静. 企业的全面预算管理存在的问题及措施探讨[J]. 商场现代化，2021（14）：159-161.

[16]陈婷，李言言. 我国中小企业全面预算管理存在的问题及改进措施[J].财经界，2020（6）：103.

[17]刘华. 基于全面预算管理的企业财务管理优化分析[J]. 当代会计，2019（23）：55-56.

[18]高允英. 新时期企业全面预算管理存在的问题及解决措施[J]. 大众投资指南，2019（24）：65-66.

[19]李艳华. 对企业实行全面预算管理存在问题及改进方式的思考[J]. 经济管理文摘，2020（5）：155-158.

[20]李虹漫. 探究全面预算管理在企业推行过程中的困难和改进措施[J].经济视野，2020（24）：2.